村怪談
現代実話異録

竹書房
怪談
文庫

※本書に登場する人物名は、様々な事情を考慮してすべて仮名にしてあります。また、作中に登場する体験者の記憶と体験当時の世相を鑑み、極力当時の様相を再現するよう心がけています。現代においては若干耳慣れない言葉・表記が登場する場合がありますが、これらは差別・侮蔑を意図する考えに基づくものではありません。

巻頭言

村

加藤一

村、或いは邑《むら》とも。

現代日本に於いて、村は地方行政自治体の最小単位であるが、小規模なコミュニティの俗称として人が群れて生活していく為の共同体を、便宜《べんぎ》的に村と呼ぶこともある。

村という地域単位を聞いた我々が真っ先に思い浮かべるのは、郷愁であろうか。牧歌的な山間《やまあい》の農村、活気ある漁村、祖父母の暮らす鄙《ひな》びた古民家、素朴で朴訥《ぼくとつ》な人々の温かい歓待と、時に民話にのみ登場しそうな昔ながらの暮らしぶりや、古びた伝統や伝承を継承し続ける、時が止まったような懐旧の郷《さと》。

ポジティブなニュアンスばかりではない。懐旧の郷は、同時に閉鎖的な地勢と排他性をちらつかせる。変化に取り残された場所として描かれ、旧弊を恃《たの》んで新奇・進化を許さず、余所者を激しく拒み、裏切り者・離脱者を逃がさない集落とされることもある。

日本の総人口の七割以上は都市部で生活している。そして多くの日本人にとって、村は特別な機会なくば立ち寄ることもない未知の領域である。誰もが知るはずなのに、実のところよく分からない。故に知ろう。村を。村を巡る、その怪異譚についてを。

目次

日々是好日

とある山間の村の話をしよう。

山々に囲まれたその村では谷間に家々が、急峻な山肌に張りつくように小さな畑が点在している。

村人達は麓の集落から山道を登っていって、日々畑仕事に励む。

毎日毎日、日々を同じく繰り返す。

早朝、鍬《くわ》を担いで山道を登っていくと、同じ道を山上から下りてくる人達がいた。

「おはようございます」

「おはようございます」

何しろ小さな村である。集落の皆が顔見知り、というくらいには狭い土地柄である為、互いに挨拶を交わして山道をすれ違う。

各々畑に着いたら一息入れて畝《うね》に入り、日がな一日鍬を振るう。何分、農機も入れられないような山腹の小さな畑である。畑仕事の全てが人力だ。

村人達は煙草休みを挟みつつ、日が傾くまで汗水垂らして土を耕す。

そうして日が暮れる頃に畑仕事を終える。

鍬を担いで山道を下ると、里のほうから道を登ってくる人達がいる。

「こんばんは」

「こんばんは」

何しろ小さな村である。集落の皆が顔見知りなので挨拶を交わしてすれ違う。

毎日毎日、日々それを繰り返しているから気付かなかった。

よくよく考えると、今すれ違ったのは先年亡くなった川向こうの婆さんでなかったか。

そういえば、朝挨拶を交わしたのも十年前に亡くなった本家の爺さんではあるまいか。

畑へ向かう山道を更にその先の奥まで登ると、集落の先祖代々の墓地がある。そう、墓だ。

つまり〈彼等〉は朝は墓から里に下り、夕は墓に帰る。日々、規則正しくこれを繰り返すのだろう。生きているときとは、時間が逆になっただけだ。なるほど御苦労なことである。

この集落ではよくあることだという。

今いる村人も、いずれ同じように昼夜逆転した日々を過ごすようになるのだろうか。

化鼎談《ばけていだん》

「物書きの先生は昔話と思うかもしれんけど、これは令和の話なんよ」

念を押してから桐戸さんは語った。桐戸さん一族は愛媛にお住まいなのである。


友人宅に出かけた帰り道のことであった。

空にはぽっかりと満月が浮かび、さやさやと風が吹いている。

余り遅くなると妻がうるさいのだ。還暦を過ぎてから特に小言が増えた気がする。

だから早めに切り上げたし、酒も軽く口を付けた程度にしておいた。

通い慣れた田んぼの一本道を、ゆらりゆらりと自転車を漕いでいく。

ぽつんぽつんと光を放つ街灯の遙か向こうに、我が家の明かりもあるはずだった。

人もいなければ車の一台も通らない。しんと静まり返っている。

危ない危ないと妻がうるさく言うものだから、程々にしておいたのだけれども、何だ、この調子ならもう少し飲んできても良かったかもしれないではないか。

そのとき、不意にハンドルが大きく左右に揺れた。地震だろうか、と身構えた。

けれども大地が動くというよりは、あたかも悪ガキが車体を掴んで揺さぶっているようで、どれだけ手に力を入れても暴れ馬の如く手綱を取ることができない。

ガッチャン！　耳障りな音を立てて桐戸さんは自転車ごと左に倒れ込んだ。

アスファルトに横たわりながら、我が身を弄《まさぐ》る。しこたま身体をぶつけたが、幸い手足はちゃんとある。骨も折れていないようだ。

さほど速度を出していなかったのと、足を付いてから倒れたのが良かったのだろう。

けれども、どうやってこの忌ま忌ましい自転車を退かそうか。

ステンレスの車体が左ひざに乗っかったままなのである。身体を起こそうにも腰が痛いし、腕の力で何とかしようと思っても五十肩に響いて仕方ない。

こんなもの、昔ならひょいと退かせたものだが、と我が身を呪ってみても始まらない。

助けを呼ぼうにも携帯電話は前カゴに入れたセカンドバッグの中であるし、通行人とてそうそう来ないだろう。何時間かすれば心配した妻が通りかかるかもしれないが、何だか我が身がみじめに思えてしまう。むしろ、気付かれぬまま自動車で轢《ひ》かれるかもしれぬ。

「お父さん、大丈夫ですかぁ？」

不意に声が降ってきて、左足が軽くなった。

差し出された手に掴まり起き上がると、若いアベックが立っている。

まるでそこだけ青春映画から切り抜いてきたかのような、にっかりと口角の上がった、湘南のビーチでも背景に据えれば似合いそうな爽やかな二人であった。

恥ずかしいやら眩しいやら、ぽんぽんと手で砂を払い、礼を言って顔を上げると、

――今いたばかりのアベックの姿が消えていた。

前にも後にも一本道、黒々としたアスファルトが月明かりの下に延びるばかりである。変な人もあるものだと思わないでもなかったが、ともあれ身体は無事だった。前カゴに入れていたセカンドバッグも、何事もなかったかのように、そのままそこに収まっている。

万事解決。

いや――やられた。寿司の折り詰めが、なくなっている。

重石替わりに積んでいたセカンドバッグはそのままに、手品のように抜かれている。

中身を失った紙袋がクシャクシャになって、桐戸さんの悔しさを物語るようであった。

「そりゃ、お前、マッチ持っとりゃせんかったか。ありゃ燐《りん》の匂いが苦手じゃけん、何ぞ食べもんを持って帰るときには必ずマッチ持っとけ言うたじゃろ」

桐戸さんのお母さんが言った。

お母さん――芳江さん――がまだ子供だった頃というから、戦前の話であろう。

その日、芳江さんはお使いを頼まれて街へ出かけていた。

何を買ったものやら、もはや定かでないが、来客用の茶菓子の類であったろうと言う。

街を抜け、川を渡り、田んぼを横目に家路を急ぐ。陽が傾き、カラスが寝床へ向かって飛んでいく。手にした風呂敷包みにも、おのずと力が入る。

「風呂敷抱えて、そなぁに急いで、どうしたの」

後ろから投げ掛けられた声に、思わず足取りが止まった。

振り向いた目に真っ赤な西日が射し込む。道の真ん中には、割烹着《かっぽうぎ》姿の女性。

「風呂敷抱えて、そなぁに急いで、どうしたの」

目を細めてみれば、近所の小母さんである。三軒向こうの、煙草屋を曲がった先の。

「小母さま、こんにちは。母からお使いを頼まれて、その帰りなんですの」

芳江さんは答えた。砂利道に長い長い影が差している。

「風呂敷抱えて」

「ええ、ちょっと数が多くて」

「そなぁに急いで、どうしたの」

「だって日が暮れてしまいますわ、早く帰らないと」

「風呂敷抱えて」

「ですから小母さま」

「そなぁに急いで」

「これから帰るんですのよ」

傷の入ったレコードのように同じ箇所ばかり繰り返している。昏《くら》い表情はマネキン人形のようで、目線が合っているやら合っていないやら定かでない。

風に木々がさざめいて、それからすうっと全ての音が消えた。

永遠にこの会話から抜けられなくなるような気がして、背筋がつつと粟立った。

「私、帰りますっ」

小さく叫ぶや踵《きびす》を返して駆け出した。いつしか影が宵闇に呑まれている。

玄関の扉をがらがらと開け、履物もひっくり返したまま茶の間に飛び込んだ。汗まみれのまま母親に向かい、息も絶え絶えに今あったことを話して、包みを開いて、

――ああ、やられた。中身がすっかりなくなっている。風呂敷包みはしっかり結わえ、中の重箱もきちんと仕舞われていたにも拘らず、奇術の如く抜かれている。

けれどもそれよりも、あの壊れてしまったような小母さんの、胡乱《うろん》な顔と噛み合わない会話の気味悪さが未だに思い出されてならないのだと芳江さんは語った。

「俺のときは、煙草を持っとったけん、それで助かったのかもしれん」

桐戸さんの弟である健さんが言った。どうやらこの方も体験談をお持ちらしい。


──若い頃、友人の家へ出かけた帰り道よ。

車で行った、と言っても山を越えてすぐ隣の街なんだけれども。

晩飯食って、じゃあまたなって手ぇ振って、普通なら十分十五分走れば着くところが、一向に家に辿り着かないのよ。

行けども行けども、同じ景色が続く。越えても越えても、山道なのさ。

幾重にも重なった黒い梢《こずえ》の向こうには、街の明かりが見えている。

そもそも何度も走った山の中の一本道、迷うはずがないわな。なのに、着かない。

ああ、これは、と思ったよ。

だからその場に車を駐《と》めて、サイドブレーキ引いて、外に出た。

百円ライターをカチッとやって、肺を紫煙で満たして、思い切り吐き出して。

そしたら、どうなったと思う？

とんだ見当違いの、田んぼのあぜ道にいたのよ。県道へ戻るにも一苦労だったな。

「ぐるぐる同じところを回っとったんやろ。あれ、叔母さんにもそんな話なかったっけ」

桐戸さんが言った。芳江さんが、一口湯呑みに口を付けてから語った。

――これも子供の頃にね。私の妹、節子の話だけれど。

近所の子が迎えに来たのよ。せっちゃん遊びに行こう、って。

私も一緒によく遊んだ子だったけど、その日は節子だけ出したんだね。私は何か手伝いがあったのかもしれないね。

時間が流れて、日が傾いてきた。兄貴も工場から帰ってきた。

なのに、節子が帰らない。

どうしたもんか心配になってね、探しに出かけたのよ。遊びに行きそうな場所へね。

学校に行ってみた。裏の土手にも行った。お宮にも行った。けど、いない。

途方に暮れてね、とぼとぼ歩いたよ。赤とんぼが飛んで、ススキが揺れてた。

とんぼだって二匹で飛んでるのに、何で私は一人寂しく歩いてるんだろうって。

すると、風に乗って覚えのある声が聞こえてくる。

耳を澄ませば、きゃっきゃ、きゃっきゃと楽しそうに笑ってるんだ。

慌てて駆けていってね、自分の目を疑ったよ。

田んぼの中を、節子が一人けらけら笑いながら、ぐるぐる走り回ってるんだからね。

あぜ道から呼んでも、聞こえてないようだし。石を投げても、お構いなし。

一反はあろうかって田んぼのど真ん中を、何処から入ったもんだか分からないけれど。

何だか怖くなってね、大人を呼びに帰って。何人か近所から集まってくれて、節子を引きずり出したんだけどね。

両脇を羽交い絞めにされながら、ずっとへへら、へへらと笑ってるんだもの。

顔も着物も履物も泥だらけでね、暫くは本当に節子なのか不安だった。

何か悪いもんと入れ違ってしまったんじゃないか、って。

正気に戻ってから、みんなで寄ってたかってあんなとこで何やってたんだって訊いたんだけども、何も覚えちゃいなかった。

ついでに言うと、せっちゃん遊びにいこうって誘いに来た子ね。

あの子、その日は家にずっといて、うちには来ちゃいなかったんだよ。

「ほいじゃが、物書きの先生自身は、何か話は持っとらんの？」

芳江さんが問うた。私は饅頭の残りを飲み込むと、記憶のメモを手繰った。

これは私の大叔父の話である。

まだ元号が平成になって間もない頃。徳島県で、法事を済ませた帰り道。

白いセダンのハンドルを握る彼は、先刻から起きている異変に薄々感づいていた。

レンガ塀のある、赤い屋根の屋敷を横目に見る。このお宮は鳥居の脇にケヤキの巨木があって、石でできた低い欄干がある短い橋を、ごろごろと渡る。

やはり、そうだ。この道はさっきも通ったではないか。いや、もう一時間近く同じ景色がフロントガラスに映し出されているように思う。何度も何度も、繰り返している。

迷うような道ではない。そもそも、一回も交差点を曲がっていないのだ。

そうしているうちに現れる、レンガ塀、赤い屋根、鳥居とケヤキ、短い石橋。

異変は彼の左脇、助手席でも起きていた。

留守番させるにしのびないと自宅から連れてきたコリー犬が、自らの尾を追うように、シートの上でぐるぐると回っているのだ。

いつもは大人しく丸まって寝ているか、ちゃんと座って景色を眺める賢い犬である。

繰り返される景色と相まって、彼の不安をざわざわとかき立てた。

ぐるぐる同じところを回るセダン、その助手席でぐるぐる回る愛犬。普段は冷静な彼であったが、混乱の入れ子構造の中に飲み込まれつつあった。

「コラ、格之進っ」思うところあった彼は、大声で名を呼ぶやその頭を引っぱたいた。

キャイン！　と一鳴きした愛犬は、身体を丸めてそのまま眠りに就いた。

時をほぼ同じくして、眼前に見慣れた交差点が現れた。先刻までの光景が嘘のように、街を抜け出すことができたのだった。


「あの辺はまだ狸がおるけん、悪さしよんよ、と大叔父は言ってましたよ」

茶を飲み干して、私は言った。

「ほうで、四国はまだ狸がようけおるけん、こんな話もようけあるけんね」

桐戸さん親子が、口を揃えて言った。

根なし草のコツ

沢渡さんは昭和の時代に、九州の漁村と呼んでも差し支えのないような、海沿いの小さな村で暮らしていたことがある。

住人の八割が四十代以上のとても高齢化の進んだ村で、二十歳以下は十人足らず。よってまだ幼い小学校くらいの子供など、村民の全てに可愛がられていたそうだ。

そんな長閑《のどか》な村での暮らしにあって、沢渡さんは一度とても奇妙な体験をしたことがあるという。


それは秋口の漁師仕事を終えた夕暮れ時の帰り道。

海岸沿いの通りから一本奥へと入った小道をぶらぶらと歩く沢渡さんの視界に、白半袖のシャツに下も白っぽい半ズボンという出で立ちの、坊ちゃん刈りの子供の姿が飛び込んできたことがあった。

その子供に沢渡さんは見覚えがなかった。

先述した通り、この村で暮らす子供の数は少ない。なので子供達の顔やら体型やら名前などは、全員分記憶している。

しかし小道沿いの殺風景な空き地のど真ん中で、こちらに背を向けて地べたに腰を下ろす、恐らくはまだ園児ほどであろうその小さな体躯に、沢渡さんは全く心当たりがない。名所や珍しい特産品がある訳でもない、ごくありきたりの村。見知らぬ人間がよそからやってきて、こんな村の中をうろつくなんてことは滅多にありはしない。ましてやそれがまだ年端もいかない子供がたった一人きりでとなれば、その可能性は更に薄くなる。

いずれにせよ間もなく日が落ちようとしている。幼い子供をこのまま放っておくことなどできはしない。

子供はまるで地蔵のように、ぴくりとも動かない。そんな子供の背に向け、沢渡さんは優しく声を掛けた。

「おーい坊や。もう暗くなっぞ。ママかパパはおらんね？」

と、そんな沢渡さんの発した声が止むよりも早く、背を向けしゃがんだままの子供の身体が、すぅーと左方へと平行に動き出した。そして瞬く間に、空き地を取り囲むように生い茂った背の高い草叢《くさむら》の中へ、滑るように消え入ったのだという。

人間離れしたその動きに、沢渡さんは肝を冷やし、暫くはその場で腰砕けの状態で呆けていることしかできなかったそうである。

因みにこの目撃したものについて、沢渡さんはその村でのおよそ二年弱の暮らしの間、他言無用を貫き、どんなに親しい間柄の村民にも話はしなかったとのこと。

――かつて空き地となっているこの場所で、何か良からぬ出来事があったとしたなら。

このような疑念を逞《たくま》しくした沢渡さんは、余所者である自分がそんな村の過去の暗い記憶を掘り起こせば、村民達は絶対に良い顔をしない、という考えに至ったのだそうだ。

居住者の数が少ない、このようなこぢんまりとした村となると、下手に噂を立てたり騒ぎ立てたりすれば、それが村八分の要因になりかねない。

北から南まで日本の様々な地方を点々として暮らす沢渡さんのような人間にとって、どんな些細な波風も立てないことこそ、根なし草のような生き方を続けていく上で何よりも重要なことなのだという。

恐らくは

風光明媚な観光地として名の通った湖のほとりで、代々観光業を営む岡部さんは、キャンプ歴三十年を越すベテランキャンパー。昨今よく耳にする「ソロキャンプ」の言葉が生まれる以前から、近隣の山や川べり、そして湖畔で、一人でキャンプをして過ごすのが休日の常だった。

そんな岡部さんがまだ学生だった頃、かれこれ二十年ほど前の話だ。

近所に住む叔父と、キャンプに出かけた。叔父も普段は一人キャンプ派だったが、目的地への行程が少々不便だった為、一緒に行こうとなったのだ。

そこは、土産物屋やホテルが並ぶ賑わった場所からは離れた湖畔に位置する、閉鎖された村営キャンプ場の跡地だった。車で乗り入れ可能な道はなく、ボートで着岸し上陸する辺鄙《へんぴ》な場所。この辺りではまだ夜は冷え込む六月の初め、廃キャンプ場を訪れる者は誰もいなかった。

日中釣りを楽しんだ後は、各自が持参した一人用のテントで、それぞれの時間を過ごす。

夜も更けてくると、視界はランタンの明かりが届く範囲のみになる。オレンジ色の光の輪の端にぼんやりと、叔父さんのテントのカーキ色が見える。熾《おこ》した火が爆《は》ぜる音と、微かに届く湖面を走るさざ波の音。文明と自然とが奏でる癒しの協奏を堪能し、就寝の準備に入る。ランタンの灯《ひ》を落とすと、辺りは闇に包まれ、叔父のテントも既に夜色に溶けている。自分のテントに入り寝袋に潜り込んだ岡部さんも、あっという間に眠りに就いた。

ふと、テントの屋根を打つ雨の音で、目を覚ました。パラパラと軽やかだった雨音が、一瞬にしてバチバチという激しい音に変わっていく。

（……まずいな）

山々に囲まれた土地柄か、湖の周辺は日頃から天候の変化が激しい。しかし地元民の勘で、普段なら天気の崩れは大抵予想が付いていたのに、この日は何故か外れてしまった。

強い雨が心配される際は、素材や構造が進化した近年のテントならまだしも、二十年も昔の年季の入った岡部さんのテントの場合、浸水対策としてテントの周囲に事前に溝を掘っておく必要があった。ライト付きの腕時計で時刻を確認すると、丁度十二時を示している。夜明けにはまだ時間がある。今からでも掘るべきかと考えていると、

――キュルキュルキュルキュル。

激しい雨の音に混じって、耳慣れた音が聞こえてきた。これは、自分の釣り竿に付いているリールの回転音だ。リールは、風や雨の力で簡単に回るような物ではない。「何か」が、

テント脇のクーラーボックスに立ててある竿に触れなければ、このような音はしない。

(猿か？)

真っ先に思い出したのは、この辺りに頻繁に出没する、手先の器用な野生動物だ。でも奴らは夜行性ではない。熊や猪のような凶暴な相手だとしたら刺激してはいけないと、明かりも点けず、息を殺して身を潜めた。すると、
ザッ、ザッ、ザッ、ザッ。

リールの回転音が止んだかと思うと、テントの周りを「何か」が移動し始めた。

ザッ、ザッ、ザッ、ザッ。

等間隔のリズムで、砂利を踏みしめる音。キャンプで何度も夜を過ごした経験から判断するに、この動きは、野生動物が移動する音ではない。

人間の、足音だ。

叔父がこの雨の中、自分のテントの周りを散策しているのか？　テントの外から光源は漏れてこない。声を掛けてくる気配もない。

(……まさか)

テントのファスナーを開けて、足音の正体を確認するのは簡単だったが、岡部さんがそれを躊躇《ためら》うのには理由があった。

彼らがテントを張っていた湖のほとりには、一本の古木が根を張っていた。苔生《こけむ》した幹に、斜めに低く伸びた枝が印象的なその木は、地元民から「首吊りの木」と称されていた。

「昭和の時代にはね、湖で入水自殺をする人が、頻繁にいたんだよ。富士の樹海みたいに『死んだつもりで考え直そう』なんて、自殺者に向けた看板もあちこちに立っていたし。でも、水は冷たいし苦しいし、思うようにいかなかったんだろうね。入水は無理だと諦めた人達が、手頃な枝だからってその木を使って目的を果たしたんじゃないかな」

ロープなどを用意しなくとも、ネクタイやベルトやシャツ、身に着けているもので目的を遂行できてしまうような、格好の枝ぶりなのだと、岡部さんは言う。

湖面に浮かぶ、自ら命を絶った人達の亡骸を発見し、通報した経験が幾度もあった彼は、かねてから「人間は、死んでしまえばただの肉塊」と考えていた。赤の他人の死を悼む気持ちはあったが、「怖い」という感情を抱いてはいなかった。なので、「首吊りの木」の傍で夜を過ごすことにも、抵抗はなかった。だが、

「実際体験しちゃうと、やっぱりビビるよね」

雨の夜に、廃キャンプ場に立つ首吊りの木の周囲を徘徊するモノの姿を、自分の目で確かめる勇気はなかった。

（早くどっかに行ってくれ）

変わらないテンポで淡々と歩き続けるそれが、いきなり襲ってくるのではないか、あちらの世界に引き摺《ず》り込まれてしまうのではないか。不安に震えながらも、気が付けば岡部さんは再び眠りに落ちていた。

目覚めると、周囲は朝の光に包まれ、雨も、正体不明の足音も止んでいた。恐る恐る外に出てみると——。

テントの周りをぐるりと、浸水対策の為の溝が掘られていた。

丁寧な仕事のおかげで、テントへの浸水は免れていた。誰が？　いつの間に？　昨夜聞こえたのはリールの回転音と、周囲を歩く足音だけだ。地面を掘る音は聞こえなかった。

それに、人間どころか動物の足跡も一切見当たらないのは何故なのか？

「おーい」

理解不能な状況に呆然としていたところ、呑気に叔父がやってきた。ぬかるんだ地面に、しっかりと足跡を付けながら。

「俺のテントもやってくれたのか？　ありがとうな」

叔父曰く、朝起きてみると、彼のテントの周りも、きちんと溝が掘られていたのだそうだ。朝まで熟睡していた叔父は、岡部さんが自分の分まで作業をしてくれたのだと思っていた。しかし、岡部さんが「自分じゃない」と、昨夜起きた出来事をかいつまんで話すと、

叔父はみるみる真顔になり、

「それは……」

暫し思案した挙げ句、

「随分と、気の利いた奴だな」

と、首吊りの木を見上げて、ぼそりと呟いたという。

現在その廃キャンプ場があった土地周辺は、アウトドア製品を取り扱う某企業が買い取り、管理している。昨今のキャンプブームに伴い、新たにキャンプ場がオープンするのではとの噂も出ているらしい。

「まぁ、あそこで何かが出たとしても、気の利く奴だから」

岡部さんは、意味ありげな声音で話を締めた。

「恐らくはね」

溢れてくる

貴恵さんの実家は田んぼに囲まれており、近くを川が流れていた。

「昔、村だったところです。正直、今も余り景色は変わっていません」

現在は村ではなくなり、都会に出てしまった者も多い。貴恵さんもその一人だ。


家の近くを流れる川は、そこまで大きな川ではない。

「溺れても、助けられない。だから絶対に近付くな。そこから川に入るな」

子供の頃、父親から何度も言われた言葉だ。

川の流れは穏やかだが、一箇所だけ絶対に入るなと言われているポイントがある。川に架かる橋の下だ。

「そこだけ深くなっているとか、流れが速いとかそういうことでもないのですが」

理由も分からないままに、父親の言いつけを守っていた。


貴恵さんが高校三年生の夏休みのとき。

同じ高校の一年男子生徒が、あの川で溺れて亡くなった。男子生徒と面識はなく、名前を聞いても覚えがない。可哀そうだと思ったが他人事だった。

そのとき、久しぶりに父親からこの言葉を聞いた。

「溺れても、助けられない。だから絶対に近付くな。そこから川に入るな」

——あの川で人が死ぬと、そこに流れ着く。

過去にそういうことが何度かあり、高齢の住民ほど橋の下を避けていた。

「他にもあそこで、おかしな死に方をした人がいる」

一人、川で死ぬと、続くことがある。だから絶対に川に近付くなと念を押された。


貴恵さんが実家を離れて随分と経つ。

これまではどれだけ大雨が降っても、あの川の水が民家のほうまで来ることはなかった。

それがここ数年、毎年のように大雨が降り、川の水が溢れるようになった。

彼女の家では玄関に置いていた靴が水にプカプカと浮く程度の被害だと両親から聞いている。

水が引くと、暫くの間、家の中の空気が変わった。

「何かが川から来て、家に入り込む感じです」

家の中に他にも誰かいるような気配がする。貴恵さんも片付けの手伝いに行った際に、家の中で小さな笑い声を聞いた。

「多分あの川の、あの場所に、何かあるのでしょうね」

何処にでもあるような小さな橋。

「こんな話、よく分からないですよね」

貴恵さんは少し困った顔をした。

滝を探して

社会人の美浜さんは、休みを利用して帰省した。

予定がなく退屈していたとき、父親の運転で出かけようという話になった。

銅山跡や公園。眺めの良い場所にある神社にも寄った。神社の駐車場に大きな地図看板があり、周辺の観光名所が簡単なイラストで描いてあった。

このまま帰るにはまだ早い。看板に描いてある滝を見に行こうということになった。

カーナビに入れてみたが、滝の名前では出てこない。大体この辺だろうというのは分かる。その辺まで車で行けば、案内があるだろうと車を走らせることにした。


山沿いの道を走る。途中あるのは小さな集落だけだ。暫く走ってみたが、滝への案内はない。道は間違えていないが、あとどれくらいで着くのか不安になった。集落は無人で、道も訊けない。このまま進むと、正面に見える険しい山への道に続くと思われる。

そのとき、少し先に女性が立っているのが見えた。

「あの人に訊いてみよう」

父はゆっくりと車を止めた。美浜さんはそのまま車に残り、父だけ降りるとその女性に滝の場所を訊ねた。

「その滝までは、ここからまだ距離がありますよ。それにあそこは途中から歩かないと駄目です。普段着で行けるような場所ではありませんよ」

女性は父の服装を見て「それでは無理だ」とはっきり言った。

「滝に行きたいのなら、近くにいいところがあります」

この近くに素晴らしい滝がある。この時期、水の量は少なくて迫力はないかもしれないが、車ですぐだと教えてもらった。

来た道を戻る。少し走ると脇に入る道があった。そこからまた暫く進むと、駐車場がある。周囲は木々に囲まれていた。アスファルトには罅《ひび》が入り、木の枝が落ちている。

『展望台への立ち入りは禁止です』

手書きの注意書き。それがビニール袋に入れられた状態で、駐車場の入り口に張られていた。張り紙は酷く汚れている。

それでも滝が見えるところまで行ってみようと、車を降りた。

滝への道を探す。

木の陰になっていて、周辺は昼間でも暗い。

すぐに目に入ったのが、緩い上り坂。アスファルトではなく泥を踏み固めたような道だ。そこを進むと横に山からの湧水が流れている。足元は湿った泥。暫く進んでみたが、道はどんどん険しくなる。この先に観光できるような滝があるようには思えない。途中で引き返した。

駐車場から数十メートルの場所に家がある。そちらへも行ってみた。

家の窓にはカーテンが付いていない。壁も屋根も白い。空き家のようだ。

敷地には小さな畑もあるが、そこも雑草だらけだ。畑の横にドラム缶が置いてあり、何かを燃やしたような跡が残っていた。

家の脇にある畑のところでうろうろしていると、白い家のドアが少しだけ開いた。誰か出てくるかもしれないと思ったが、ドアはすぐに閉まった。

じっと見ていると、また少しだけ開き、すぐに閉まる。それを何度か繰り返した。

「鍵が掛かってなくて、あちこち緩んでいるだけなんじゃないか」

風は吹いていない。

二人は、諦めて駐車場に戻った。

駐車場の入り口の地面に、小さく汚れた張り紙が落ちている。来たときは気付かなかった。

『滝まで一キロ』

目の前にしっかりしたアスファルトの道がある。何故最初にこの道を見逃したのか、首を傾げた。

「行ってみよう」

その道を少し進んだ所で、二人の足が止まった。複数の木が倒れて道を塞いでいる。倒木の間を抜けなければ先に行けない。ここまで来たのだから、行ける所まで行きたい気持ちもある。しかしこの状態の道を一キロ進むのは、さすがに危険だと思った。

倒れている木は、どれも太くしっかりしている。それが根元近くで折れていた。

「道を教えてくれた女の人、あんな何もないところで何をしていたのだろうね」

何処かの集落から歩いてきたのだとしたら、かなりの距離だ。

「お墓参りの帰りだって言っていたぞ」

二人が車の横で話し込んでいると、空き家のほうから勢いよくドアを閉める音がした。

美浜さんはドアの閉まった状態の家を、一枚だけスマホで写真に撮った。

帰り道。たまたま見かけたうどん屋に寄った。他に客もなく、店主が話しかけてきた為、あの滝のことを少しだけ訊いた。

滝に飛び込む人はいないが、展望台のところでは首を吊る人がいる。昼間でも暗い為、地元の人間も近付かない。

「あんな分かり難い場所にある地味な滝を、何処で見つけてくるんだろうね」

人に奨めるような場所じゃないと、店主は言った。

駐車場で撮った写真には、白い家を隠すように靄《もや》が上から下へ写りこんでいた。

静かな島

優紀さんは彼氏と、一緒に旅行へ出かけた。

その途中で、山にある展望台に寄った。そこから景色を眺めていると、近くに小さな島がある。

「海が綺麗で有名なところらしいよ」

せっかくだから寄ってみようという話になった。


島までは、百メートルくらいの橋で繋がっている。島内は小さな集落になっていた。島の半分は山林で、そちらに民家はない。

どの辺からの眺めが絶景なのか、訊ねたいが人が見つからない。

「せっかくここまで来たのだから、最後にあそこに見える灯台まで行こう。そこで写真を撮って帰ろう」

彼氏が指さしている方向に、小さな灯台のような建物が見える。そこを目指して車を走らせた。堤防沿いの狭い道を進む。迷うことはなかったが、灯台近くに駐車スペースがない。少し離れたところに車を駐めて、歩いて向かった。

港の外れに立っている小さな赤い灯台。

「何かここ、やけに寒くないか」

彼氏が半袖から出た腕を擦った。


堤防から海のほうを見ると、複数の人が沖で泳いでいる。彼女達がいることに気が付いたのか、両手を振っている人もいた。

「ここって遊泳してもいいんだ」

堤防から直接飛び込んだのか、服を着たまま泳いでいる。とても楽しそうだ。優紀さんも泳いでみたいと思ったが、水着も着替えも用意していない。

「俺、寒気がするから車に戻るわ」

彼氏は彼女を置いて先に戻った。優紀さんは灯台と海を写真に撮ってから車へ急いだ。


島から出る為に橋を目指す。途中、一度車を止めて、後部座席に置いてある荷物からお茶を取り出した。

「観光？　何処から来たの？」

車の近くに年配の女性が立っている。軽く世間話の相手をすると、名物が安く食べられる店を教えてくれた。

「この時間なら営業してるし、寄ってみたら。でももう少し待ってから、島を出たほうがいい」

女性が言った。

優紀さんのいる場所から、遠くに橋が見える。複数の人が島から陸地に向かって、橋の上を歩いていた。灯台のところで泳いでいた人達が、一斉に戻っているようだ。全員が逆光で見ているように黒かった。楽しそうに盆踊りのような動きをしている人もいた。混んでいる時間なのかもしれないと、少し海を眺めてから島を出た。

優紀さんは自宅へ戻ってから写真を整理した。

あのとき、海で撮った写真には、泳いでいたはずの人達は誰も写っていなかった。

サザエ採り

今は都内でタクシーの運転手をしている駒形さんは、海辺の集落の出身だ。

「詳しい場所は書かないでね。迷惑になっちゃうから。海は生まれたときから身近だし、夏場とかはよく海に入って遊んでたんだけど、ある夏からは地元で海に入るのを止めたのよ――」

彼は大学に入るまでは、地元で過ごしていた。

高校生になった頃から、彼は夏になると地元の民宿に頼まれて、魚を釣ったり、海中に潜って貝類を獲るようになった。今から考えると密漁にあたるのではないかと首を傾げるのだが、民宿の主人が漁協に入っていることもあり、問題となっていなかったのだろう。

ある日、依頼を受けてサザエを採りに海に入った。

そのときから何かおかしいと思っていた。視線を感じるのだ。今までそんなことを感じたことはない。

妙な気分を引き摺りながら、何度か潜って指定された個数を拾い、もうそろそろ海面に上ろうとしてぎょっとした。

海中の岩場の影から、小学生くらいの男の子がこちらを覗いている。

え、この子誰？

頭の中に疑問符が湧き上がる。

男の子は、岩を抱えるようにしてこちらを見ている。肌は黒く焼けており、シュノーケルもゴーグルも着けていない。

地元の子だろうか。それにしても見たことはない。

それよりも、自分が漁をしている間、この子は何処にいたのだろう。

息が続かなくなったので、水面に上がった。

暫く水面で待っていたが、五分近く経っても男の子は上がってこない。

あれは見間違いだったのだろうかと、再度潜る。

潜ってすぐに目が合った。男の子は先ほどと同じ場所、同じ格好で岩にしがみついている。

表情は読めない。

目の錯覚で、何か別のものが人間に見えているのかと思い、少し近付いてみる。

やはり人間に見える。

もう少し近付いていく。

あと二メートル。

一掻きして一メートル。

そこまで近付いたときに、男の子の表情が満面の笑みに変わった。

その瞬間に何か不味《まず》いものを感じて、急いで海面まで上がった。

「何でその子に近付こうと思ったかなんて、全然分からないんですよ。もう怖くてね。一目散に逃げ出しました。それから後は、受験勉強するからって、高三の夏は民宿のバイトも断ってね。それ以来、地元の海には入っていません。だってあのとき、確かに食われるって思ったんですよ」

とがけ

平成になったばかりの頃、恵美さんが親戚の老齢の女性から聞いた話。

その女性は山陰の沿岸部にある村の出身だった。沿岸といっても荒灘に面しており、漁のできる浜もなく、耕作地も少ない貧しい村で、彼女の父も祖父も、行商で生活の糧を得ていたそうだ。

男は朝早く隣の漁村へ魚を仕入れに行き、日中は休み、その間に女が魚を捌いて焼く。晩になると焼いた魚を載せた荷車を男が夜通し引いて、翌日、内陸の村で売り捌き、夜遅くに村に帰ってくる。

泊まりがけから来た言葉だろうか、これを「とがけ」と言ったそうだ。

彼女も子供の頃から嫁に行くまで、このような行商の手伝いをしていたという。

ある夜のことである、彼女が寝ていると、とがけから帰ってきた父の声で目覚めたが、どうやら様子がおかしい。父は母親と話し込んでいる。

随分後になって父からこの夜のことを聞いた。

父が村に帰り着く、その少し前の道中。

暗闇を車提灯が僅かに照らす中、父が小走りで空の荷車を引いていると、前方からも荷車を引く音がしたそうだ。これからとがけに行く同村の人間だろうか。しかしどうして車提灯を灯していないのか不思議に思った。

速度を緩め、目を凝らす。こちらに向かう人影が見える。

声を掛けようと足を止めたが、相手はそのまま小走りですれ違った。

提灯の明かりにちらっと浮かんだ横顔は見知った同村の男である。振り向いて見たが、彼はそのまま闇の中へ消えていった。一瞬見えた荷車の上には何も載っていなかったという。

父とすれ違った男は、その日の朝から行方知れずになっていて、家から荷車もなくなっていたそうだ。

母からそれを聞いた父は翌朝、男の家へ行った。

そして彼の母に会うと、彼がいつも魚を仕入れに行く隣の漁村の浜に、無惨な姿で打ち上げられていたと聞かされた。貝類を密漁しようとして溺死したのだろう、恐らく昨日の早朝のことだろう、という連絡が隣村からあったのだそうだ。

憔悴《しょうすい》している彼の母親に、父は昨晩の出来事を話す気にはなれなかったそうだ。彼の荷車は結局見つからなかったという。

父親から聞いたその話を語り終えた女性が、
「昔の漁村は荒々しかったやろうしねえ」
そう呟いたことを恵美さんは印象深く覚えているという。

教材

今から三十年ほど昔の話。

当時、菅原さんはとある会社に勤めていた。表面上は金融業だが、奥の奥を深く探れば暴力団に繋がるような会社だ。

菅原さんはもちろん、周りの社員全員が、そういう会社だと気付いていた。それでも働く理由は並外れた報酬だ。他人がどうなろうと知ったことではない。自分が楽に暮らしていけばいい。その為には、ある程度の危険は望むところだった。

そんな毎日を送っていると、社会道徳や罪の意識が薄れていく。菅原さんは、いつの間にか明らかな犯罪行為に手を染めるようになってしまった。

会社の金を着服したのである。呆れるほど単純な帳簿の操作だったが、逆にそれが幸いし、長期間続けられたのだという。

最初は僅かな金額だった。自分の小遣いで賄える範囲だったが、徐々に歯止めが利かなくなっていく。金額も回数も多くなればバレない訳がない。結局、全て露呈してしまい、奥の奥から怖い人が出てきた。

応接室に待ちかまえていたのは、重森と名乗る四十代そこそこの優しげな風貌の男だった。

開口一番、重森はこう言った。

「菅原さん、判子捺してもらえますか」

テーブルに一枚の書類が置かれた。借用書と書いてある。

「あの、これは」

「会社としては訴えるつもりはありません。あれは菅原さん御自身が借りたお金だと判断しました。これがその借用書です」

書面に印字された数字は、菅原さんが着服した金額よりも一桁多い。

どう頑張っても払える額ではない。

俯く菅原さんの顔を覗き込みながら、重森が言った。

「奥さんにも働いてもらいましょ。十歳の娘さんも需要ありますよ。貴方御自身にも色々と使い道がありますから。あ、逃げても無駄です。うち、全国規模だから」

自殺を考えながら帰宅すると、既に妻も娘もいなくなっていた。衣類や持ち物はそのまま残っている。

次は自分だ。自殺を考えていたくせに、命が惜しくて堪らない。

菅原さんは着の身着のままで自宅を飛び出した。警察に行く気はない。そんなことをした瞬間、全員が殺されるだろう。

行き先は決めてある。以前、債務者の一人から聞いたことがある村だ。

そこは、一見すると何処にでもあるような普通の村だという。

だが、村人同士は日本語ではない言語を使う。

村は殆ど治外法権であり、菅原さんのように追い詰められた者でも安心して暮らせるらしい。

代償として何かを求められるそうだが、命までは取られない。だからこそ、噂が伝わってくる。

面白半分に場所と名前を書き留めたのだが、今になって役立った訳だ。

到着したのはいいが、何処といって特徴のない村だった。畑仕事に精を出す人達をぼんやり眺めていると、通りすがりの村人に声を掛けられた。

普通の日本語だ。何処か具合が悪いのかと心配してくれたらしい。久しぶりの優しさがありがたく、菅原さんは涙を零してしまった。

「ああ、あんた逃げてきた人だね」

その村人に図星を指され、菅原さんは思わず頷いた。だったら付いてきなさいと村人が歩き出す。

連れていかれたのは、古い田舎家である。中から現れたのは、鋭い目付きの老婆だ。その後ろに若い女もいる。

老婆に促され、菅原さんはここに至るまでの事情を包み隠さず話した。他に頼る場所がないだけに必死だった。

聞き終えた老婆は慈愛に満ちた笑顔で、村での暮らしを勧めてくれた。

費用は心配しなくてもいい、村にいる限り絶対に大丈夫と約束できる。

その代わり、と老婆は条件を告げた。

この村には、特殊な生業《なりわい》がある。それを手伝ってほしい。何もしなくていい、座っているだけで構わない。

少し——いや、かなり不安になったが、今更どうしようもない。菅原さんは二つ返事で引き受けた。

その夜から、老婆が言うところの手伝いが始まった。与えられた四畳半の居室で座っているだけだ。目の前には老婆と若い女が座る。

二人は何やら言葉を交わしている。日本語ではない為、意味不明だ。

老婆が低い声で何かを唱え始めた。若い女が共に唱和する。その途端、菅原さんの隣に誰かが座った。

見ると、いなくなったはずの妻である。更にその横には娘もいる。どちらも全裸で傷だらけの身体が丸わかりだった。

声も出せないほど狼狽《ろうばい》する菅原さんを無視して、老婆と女は唱和を続ける。時折、老婆が何かを女に伝えた。その都度、女は小さく頷き、唱和の速度や声量を変えている。

十分ほど経過し、二人はゆっくりと唱和を終えた。妻と娘もそれに呼応するように薄れて消えた。

「やっぱり良いね、あんた。こんなに濃いのは久しぶり。良い教材になるわ」

まだ言葉を取り戻せない菅原さんに、老婆は今起こったことを説明し始めた。

今みたいなものを呼び寄せたり、祓ったりするのがこの村の生業だ。何十年、いやもしかしたら何百年も続いているかもしれない。

若手の育成にも力を入れているが、如何せん知識だけでは上達が見込めない。理論を実践するのが何よりの教育なのだが、材料を見つけるのが一苦労だ。

強い恨みを買っていて、何かの理由で身を隠さねばならない人間が最高の教材になる。

「あんたはその条件を満たしてる。これからもよろしくお願いするよ」

その日からずっと、菅原さんは教材として村で暮らしている。

田舎とはいえ、ネット環境は充実しており、世間と繋がることは可能だ。

村人から信用を得た菅原さんは、生業の受注を任され、パソコンも与えられている。

何とか工夫すれば、村を抜け出せたかもしれない。

だが、そうしたところでどうなるというのか。菅原さんはあてもなく彷徨《さまよ》うよりも、ここで枯れていくほうを選んだ。

妻の恨みは全く衰えない。まだ生きているらしく、呼び寄せられる姿が年々老いてきた。

娘もまだ生きているようだが、あるときを境に体が少しずつ欠け始めているという。

三月五日

達夫さんがまだ幼い頃、祖父からよく聞かされていたことがある。

彼の曽祖《そう》父に当たる人は地元では名の知られた人であったという。

ある商売で財を成した曽祖父は自分の村だけではなく、近隣の村までも治水事業を行う。それにより、農業の発展と村民の生命や財産の保護に尽力したということで数々の表彰状が実家の仏間に飾られていた。

「お前もこの爺ちゃんみたいに立派な人になるんだぞ」

常々、祖父は遺影を指し示し、達夫さんにそう言い聞かせていた。

立派な髭を蓄えた老人の目つきは凛々《りり》しく、何処か怖さを感じたという。


達夫さんが小学六年生の夏、その祖父が亡くなり、葬儀に親戚が駆けつけた。

それまでに会ったこともない祖父の兄弟やその家族も集まり、人見知りなところがある達夫さんは身の置き所に大変困った。

なるべく人の少ないところを探して家の中をあちこちうろうろつき回る。

親戚の数は二十人以上もいたので、自室すら明け渡す形になり、正直途方に暮れていた。

「おっ、達ちゃん。こんなとこにいないで、こっちへ来なさい」

祖父の弟に捕まり、一番人の多い仏間へと連れ出される。

「いやぁ、でも兄貴も幸せな人生だったよな……」

大人達の思い出話に花が咲き、時折相槌を求められた達夫さんは苦笑いを続けるしかなかった。

「でも……これからは誰かがやらないと……」

父がぼそりと呟いた一言に祖父の三人の兄弟は明らかに動揺を見せた。

「い、いや、それはだな、やっぱり本家の血筋が続けるべきことであってな」

「そ、そうだよ。俊彦さんが続けて、行く行くは達ちゃんが受け継いでいけば、何の問題もない」

「いや、今回はそこのところもはっきりさせたいんです。発端は祖父です。父親の後始末だからということで、親父はやってきた。でも、貴方達もその対象だったはずですよね？」

父親の毅然とした言葉に、祖父の兄弟は黙り込む。

緊迫した空気に、達夫さんは大人達の顔をキョロキョロと見続けるしかなかった。

「もういい加減、終わらせましょう。これがいい機会です。叔父さん達がキッチリ筋を通したら、終わるんじゃないですか？　それとも何か隠してることでもあるんですか？」

父親が追い詰めるように言葉を続けると、曽祖父の遺影が突然落下した。

ガラスの割れる音が響き、周囲の親族から悲鳴が漏れる。

「あぁー、あたしが片付けます。危ないから離れてください」

母親が遺影を持ち上げると、曽祖父の顔と達夫さんの目が合った。

「うっ……」

他の誰も声を上げていない。

丁度見ていたのは達夫さんだけだったのかもしれない。

曽祖父の顔は鬼のように思えた。

特に目が怖く、威圧という表現では生易しい程の支配的な何かを発していた。

達夫さんは目を逸らし、母親が掃除機を掛け終わる。


「ちょっと大人の話があるから、みんな出ていってくれるか」

父親の言葉で、仏間には祖父の兄弟と父の四人だけが残ることになる。

部屋を出る前に遺影が気になった達夫さんは振り向いてみる。

取り合えず壁に立てかけられた遺影の顔は、見慣れた物に戻っていた。

居間で待機する間、父親の怒声が何度も聞こえた。

三十分ほどの話し合いは纏まらなかったらしく、不機嫌そうな祖父の兄弟と怒りを露わにした父親が仏間から出てきた。

その後、不穏な空気のまま一通りの葬儀が終わると、挨拶もそこそこに親戚一同は退散していった。

達夫さんはやっと普通に戻れるという嬉しさもあったが、父親の機嫌は変わらない。

暫くは大人しくして、父親の顔色を窺う生活が続いた。

父親が普通に戻った頃、どのような話し合いが行われたのかが気になり始めた。

とはいえ、父親に訊けるはずもなく、母親にそれとなく訊ねてみる。

「うーんとね、達ちゃんは関係ないの。大人のことだから、お父さんに任せておこうね」

優しい言葉遣いだが、それ以上の詮索はすべきではないということは理解できた。

達夫さんが中学、高校と進む中、徐々に父親の仕事が上手く行っていないことは感じていた。

三月五日

夫婦喧嘩の回数も増え、夜に母親が泣いている姿を何度も見ることになる。

達夫さんが高校二年の夏、意を決して父親に話しかけてみた。

母親に手を上げることも出てきた為、これ以上は黙って見過ごす訳にはいかなくなっていたのだ。

「親父、仕事が上手く行ってないからって、母さんに手を出すのは良くないって……」

顔を赤らめた父親は激高する。

「うるさい！　お前に何が分かるというんだ！」

達夫さんは頬を殴られ、その場に倒れ込む。

「あ……。ああ……」

急に泣きそうな顔に変わった父親は、その表情を読み取られまいと両手で顔を隠した。

「痛ってーな。何がしたいんだよ。殴ったら気が済むのか？　怒ったと思ったら泣いて、訳が分かんねーんだよ。おかしいって、親父」

するとそこに騒ぎを聞きつけた母親が間に入る。

「違うの、達ちゃん。お父さんも辛いの。悪いのは叔父さん達だし、それを言うなら……」

「よせっ！　……俺で終わらせるんだから、達夫は関係ない」

そのとき、達夫さんの脳裏に、祖父の葬儀のことがフラッシュバックした。

「……あのよぉ、まだまだガキかもしれないけどよぉ、もうガキじゃないんだって……」

悔しさと疎外感に、達夫さんは涙を零した。

その姿を見た両親は傷心し、言葉をなくす。


落ち着きを取り戻した父親はポツリポツリと話し始めた。

「お前の曽爺《ひい》さん……あの人が始まりなんだわ……」

曽祖父は確かに商いで財を成した。

ただ、真っ当なものではなかったらしい。

今でいう詐欺紛いのことは日常で、大勢の人を泣かせてきたらしい。

とはいえ、時代が時代。村という集落では金を持った人はある種の力を持つ。

近隣の村の住民には、曽祖父に取り入ろうとする者も増え、権力者としての地位を確立していった。

金を手にした人間が次に欲するのは名誉らしい。

治水事業もその一つだが、金をばら撒き、手下となる人間を操作して表面上の栄誉を得た。

ただその陰では大義名分の元に土地を奪われた者や、人力での無理な工事による死者も出ていたという。

「恨んでいた連中は相当いたみたいだ……。そんなことをしてりゃ当然だがな」

ただ、家は順調に繁栄し、跡継ぎも生まれた。

「お前の爺さん……本当は二番目だったんだよ」

曽祖父の子供は全部で五人いた。

その長子は十九歳のとき、川で水死体として発見された。

「本当のことは分からない。だけど曽爺さんは殺されたと思ったんだ」

長子の遺体があった場所は、治水工事で相当な難所だったらしい。

大勢の人間が怪我を負い、死者まで出たところであった。

罰が当たったんだろ——村人の多くはそんな噂を口にしていたらしい。

そもそも曽祖父の子供達はそんな山奥まで近付くことは一度もなかったので、曽祖父が疑ったというのも理解できなくもない。

「で、犯人探しにカミサマを頼ったらしい……」

「カミサマ……って神社の？」

「いや……」

当時、カミサマと呼ばれる不思議な力を持った人がある一定数存在していた。なくし物の場所を言い当てたり、霊的な現象や因縁の祓い事を生業としていた人達である。

曽祖父は三軒隣の村まで出向き、死の詳細を明らかにしようとした。

「で、そこで出てきた答えが呪いだってさ」

光があると影ができる。

カミサマという存在と相反するように呪い屋も存在していた。

「家から三キロ先の山があるだろ。そこの奥深くに蛇を使った呪い屋がいたらしい」

怒り心頭の曽祖父は一つの決断をしたのだろう。

そして、その呪い屋の姿を誰も見ることはなくなった。

「まあ、呪いとか証明のしようがないんだけどな……。で、一見、片が付いたように思えるんだが、そうはいかなかった」

祖父のすぐ下の弟が結婚し、子供が生まれた。

その子がやはり十九歳で亡くなる。

「他の兄弟もそうだ。長子は皆、同い年で死ぬ。俺の兄貴も例外じゃない」

父親の目は冗談や世迷い言を言っているようには見えない。

三月五日

「じゃ、じゃあさぁ、その呪い屋をどうこうしたところで、呪いは続いてるってこと？」

「そうなんだろ。そもそもカミサマは呪い屋を始末しろとは言ってないらしいし……」

カミサマがした助言はこうである。

〈毎年、三月五日に子供達で供養をさせなさい。親の責任は子の責任である〉

達夫さんの祖父は供養を続けた。

曽祖父の長子が亡くなった場所に赴き、供物をあげ、曽祖父が絡んだ犠牲者に対して手を合わせ続けた。

ただそれは祖父の長子が亡くなってからになる。

「効果があったのかどうかは今も分からん。だが、長子ばかりが死んだのは事実だ。全員、川での溺死というおまけまで付けてな」

ふーっ、と大きな溜め息を吐いて、父親は項垂《うなだ》れた。

予想していなかった告白に達夫さんは言葉を失う。

頭は冷静に状況を把握しようとするが、いまいち整理が付かない。

十分以上も沈黙が続いた頃、ふと現実の問題に気が付く。

「いや、それも問題かもしれないけど、親父が母さんに暴力を振るうとか、仕事が上手く行かないってのは関係ないだろ！」

父親は首を横に振る。

「責任逃れをするつもりはないが、多分、親父の葬儀からなんだわ……」

その言葉に同調するように、母親も黙って頷く。

叔父達との話し合いが纏まらなかった父親は、例のカミサマを探した。

当人がいなくとも、後継者がいるという可能性に賭けたのだ。

散々探し回った結果、次のカミサマは見つかった。

そして、予言めいたことを言われることになる。

『先代が言ったことは守られてはいないようですね。ですので、一、二年の内にその子供達は亡くなるでしょう。……自殺です。そして、貴方にはそのお爺さんが憑いています。自分でもよく分からないうちにカッとなり、周囲の信頼を失うでしょう。これを防ぐ術はありません。因果とはそういうものです』

「その言葉通り、叔父達は皆亡くなったよな」

母親は涙を流しながら、何度も頷いた。

「え？　取り憑くとか……。曽爺さんが……？」

「本当に覚えてないんだ。どのタイミングかも分からないが、急に頭に血が上った感じがしたら、記憶がなくなる。ふと気が付いたら……。そういうことだ」

父親は仕事上で多数のトラブルを起こしていた。

母親との関係も、どうやら同じことらしい。

「だからね、お父さんは悪くないの。何とかしようとして、毎年供養もしているし、それもこれも、全部貴方の……」

「言わなくていい！」

その後は母親が声を上げて泣き喚き、父親はいたたまれなくなったのか自室へと閉じこもった。


その日から気まずい空気の生活が暫くは続いたが、誰もこの件を蒸し返そうとはしなかった。

達夫さん的にはなかったことにしようと、作り笑いを続けていた。


そして、達夫さんが十八歳の三月五日。

あと一週間で十九歳の誕生日を迎える予定の日に、父親の俊彦さんは亡くなった。

供養に出かけたままで帰らない夫を心配して母親が探していると、例の川の付近で、百という数を超える程のカラス蛇が蠢《うごめ》いているのを見つけた。

季節的にあり得ない光景に怯《ひる》んでいると、母親の存在に気が付いたように蛇達はこちらに鎌首をもたげる。

どうしたらいいのかと逡巡していると、一瞬にして蛇達はその姿を消した。

唖然としてその場から目を離せないでいると、積雪で真っ白な空間に、灰色の何かが映りこむ。

「お父さん!」

慌てて駆け寄り声を掛けるが、父親の身体は何故か全身ずぶ濡れ状態で、既に息をしていなかった。

ただその顔は笑顔であったという。


月日は流れて現在達夫さんは五十を回った。

結婚をしていなければ、当然子供もいない。

「いや、何かね。そういう気持ちになれないままで、この歳ですよ」

親戚付き合いも絶った為、祖父の兄弟家族のその後も分からない。

達夫さんのように無事に二十歳を迎えられた長子がいたのかもしれないし、叶わなかったのかもしれない。

そんなことを考えながらも、深入りしようとはしない。

もう何もなかったことにして過ごしていきたいという思いが先に立つからだ。

そんな達夫さんは経営者として商才を発揮している。

「やり手とか剛腕って言われるのはマシなほうで、陰では悪辣《あくらつ》経営者と言われていますよ」

最近になってよく思い出す祖父の言葉があるという。

「お前もこの爺ちゃんみたいに立派な人になるんだぞ。——本当にそっくりだからきっとなれる。爺ちゃんの血が濃く残っているのは、お前に違いないから」

そう言いながら見据える目に、先ほどまでには見せなかった狂気じみたものを感じずにはいられなかった。

転がり、転がる

最寄り駅からは車で一時間強掛かる、なかなか辺鄙な場所で石川さんは農業を営んでいる。

昔はそこそこの民家が見られたが、その殆どが大分前に離農して土地を離れており、今では彼の自宅以外、周辺に民家は見られなくなってしまった。

彼は視界の端に連なる山々に目を向けながら、遠くを見るように少しずつ語り始めた。

とうの昔に忘れたはずの記憶の細部を、そろりそろりと優しく掴み上げるかのように、ゆっくりと時間を掛けながら思い出していく。

「……うんとな、オラが小学校さ入る前の頃だったべなァ」

雪も大分融けて、春の訪れを待ちかまえていた小さな羽虫達が、盛んに辺りを飛び回っている。

好物の玉子焼きをお昼に食べて満足した彼は、いつも通り近所に住むコウ君の家へと遊びに行った。

玄関口に辿り着くなり、大声で名前を呼ぶと、コウ君は勢いよく玄関から飛び出してきた。

それを見るなり、石川さんは北の方向へと小走りに向かっていく。

その方向には小高い山があり、麓にある小規模な石切場が彼らの遊び場所になっていた。

時折奇声を発しながら、コウ君が後を付いてくるのが分かる。

間もなく遊び場へと辿り着こうとしていた辺りで、石川さんの足がふと止まった。

彼の視線は、砂利道の脇に繁っている草叢へと釘付けになった。

後方から走ってきたコウ君も、不審がって凝視している。

そこそこ青々と繁っている名前も知らない雑草の奥に、何か動くものを発見したのだ。

「……なんだ、アレ?」

「何だべなァ。何か、動いでっつぉ。真っ黒だべなァ」

大きさは仔猫程度ではあったが、薄気味が悪いほど真っ黒であった。

身体全体に丸みを帯びていることだけは分かったが、雑草が邪魔でその正体がよく分からない。

彼らの訝しげな視線の中、その生き物らしき何かは転がるようにして、次第に遠ざかっていく。

そのとき、二人はお互いに視線を合わせたが、それだけで十分であった。

まるで言葉を交わしたかのように、二人は一斉にその生き物らしき物体を夢中で追いかけていった。


遠ざかっていく黒い物を絶対に見失わないように、二人とも下を見ながら走っていく。

いつしか草叢の広がりが途切れてしまったが、黒い物体はいつの間にか移動してしまったらしく、彼らから少し離れた木々の生い茂った辺りの草叢を転がっている。

子供達はその異常さに畏《おそ》れを抱くことなく、必死で追いかけていく。

距離も大分近くなり、間もなく追いつこうと思われた、そのとき。

コウ君の大声で、石川さんは我に返った。

「……なァ、ここって、どこだべっ！」

立ち止まって辺りを見回した瞬間、思わずハッとした。

辺りにはとうの昔に朽ち果てた家屋が何軒もあり、妙に冷たく生臭い空気が漂っている。

合掌造りと思われるそれらの家屋は、その全てが同じ方向を向いていた。

しかしながら、誰も住んでいないことは明らかであった。

外壁の板は腐敗が激しく、茅葺《かやぶ》き屋根も同様で大穴が空いている。

倒れ朽ちた木の幹が、家屋の大半を押し潰している建物も多々あった。

「こつけなどご、あったっけか？」

山歩きに長けた父親に連れられて、自宅から徒歩で行けるようなところで知らない場所はないはず。

そう自負している石川さんは、思わず小首を傾げた。

いや、ある訳がない。こんな場所が、この辺りにある訳がない。

「俺も初めて見だわ。どこだべ、ここは？」

コウ君も同様に不審がっていた。そもそもコウ君宅を出てから三十分も経っていない。

それしか離れていない場所に、このような廃集落があるなんて、見たことも聞いたこともない。

そのとき、さっきまで臭っていた生臭い香りがふっと消え去り、代わりに炊飯の香りがふんわりと漂ってきた。

その芳香がするなり、二人のお腹の虫がぐぅと大きく鳴った。

昼ご飯を食べたばかりだったので不思議で仕方がない。

しかし、空腹の度合いは次第に強くなっていく。

石川さんがふと視線を上げると、その瞬間、全身が一気に粟立った。

荒れ果てた家屋の隙間や茅葺き屋根の大穴から、一斉に煙が立ち昇っていたのだ。

一瞬、火事なのかと慌てふためいたが、何かが焦げるような臭いは一切感じられないし、廃屋の中を覗き込んでも火の気配は一切ない。

むしろ、空腹を責め立てる御飯を炊いているらしき匂いがより一層強くなっていくだけであった。

けれど、もちろん、これらの家屋には誰もいない。

目の前に繰り広げられる光景と自分の常識の乖離が激しく、石川さんはボーっとしたように立ち尽くすばかり。

すると、コウ君の囁《ささや》くような声が耳に入ってきた。

「なァ、なァ！　さっきっから……」

誰かに見られている気配がする。

それも一人や二人ではない。まるで自分達が発表会の舞台に立っていて、大勢の観客に嬲《なぶ》るように見つめられているかのような妙な感覚。

しかも、それだけではなかった。

視界の片隅へと頻繁に現れる、真っ黒な丸い物体。

まるで高速で転がる回転草《タンブルウィード》のように、目で捕捉したかと思うとすぐに何処かへと消え去り、またいつの間にか視界の端に入ってくる。

そもそも、この不思議な物を追いかけてここまで来たのにも拘らず、未だにその正体すら分からない。

それに加えて、このような訳の分からない場所へと迷い込んでしまった。

もはやどうしたらいいのか考えが覚束《おぼつか》ず、泣き出しそうになっている自分を友達の手前、どうにか押し殺している。

すると、突然、けたたましい音が鳴り響いた。

「あああああああああああっっっっっ！」

まるで罠に掛かった野生動物の断末魔を思わせる、思わず耳を塞ぎたくなるような甲高い金切り声。

一体、この悲鳴は何処から聞こえてくるのか。

付近に視線を巡らせたが、それらしき原因は見つからない。

二人は悲鳴を上げながら、急いでこの場所から逃げ出そうと走り出した。

二人とも転びそうになりつつ、息を切らして走り続ける。

あの不気味な集落から、どれだけ離れたであろうか。

息を切らし立ち止まって、両膝に手を付けながら二人で荒い息を吐いていると、石川さんの耳元でいきなり声が聞こえてきた。

「あああああああああああっっっっ！」

びくっと全身を震わせて視線を巡らすと、地べたに黒い物体が転がっていた。

今までの素早い動きは鳴りを潜めて、まるで二人に姿を誇示するかのようにぴくりとも動かない。

すると黒い毛の部分がさーっと左右に分かれた。

「……ひっ！」

二人とも、同じような悲鳴を上げた。

黒々とした和毛《にこげ》の中から、薄汚れて皹割れた皮膚らしきものが垣間見え、狗《いぬ》や狸を思わせる口吻《こうふん》が付いている。しかし、目や鼻らしき部位は何処にも見当たらない。

荒れ果てて変色した口唇が、パカッと大きく開き始める。

腐った乱喰歯《らんぐいば》の間から、赤黒い蛞蝓《なめくじ》のような物体が蠢いた。

悍《おぞ》ましい程の生臭さがあっという間に辺りに充満したかと思うと、耳を劈《つんざ》く悲鳴が鳴り響く。

「あああああああああああっっっっ！」

石川さんは震える全身をどうすることもできずに、助けを求めるかのように隣に視線を遣《や》った。

だが、友達も卒倒しそうな状態で、両足をガタガタと小刻みに震わせている。

そこから先は殆ど覚えていない。

石川さんはいつの間にか自室に戻っており、嗚咽《おえつ》を漏らしながら布団の中でガタガタと震えているところを母親に発見された。

しかも土足だったおかげで家の中と布団をかなり汚してしまい、こっぴどく叱られたのである。

後に話を訊くと、コウ君も同様で、いつの間にか家の中で怯えている所を家族に発見されたらしい。


「それがら間もなくだったべなァ、コウ君がいなくなったのは」

あの出来事からほんの数日後のこと。

夕飯が終わって家族がいる家の中で、突如彼は失踪した。

食後、「便所行ってくるわ」と言って個室に入ったきり、忽然と消えてしまったのだ。

便所には中から鍵が掛かっており、外に面した窓は余りにも小さ過ぎて、彼が出ていくことは不可能と思われた。

手掛かりらしきものは、たったの一つだけ。

彼が入っているはずの個室から、何とも形容し難い悲鳴が聞こえてきたことだけであった。

「あああああああああっっっっっ！　って奴な。オメんとこまでは知らねげど、こっじの新聞には載ったんだ。でもな、最初の内は皆騒いだげど、すぐに忘っちゃべなァ」

今まで犯罪などには縁がなかったこともあって、一時期は集落中が大騒ぎになった。

しかし、懸命の捜索にも拘らず、彼の姿を発見することはできなかったのである。

「コウ君がいなくなって、三月ぐれえ経った頃だっだかなァ」

大事な友達を失って、毎日がつまらなかった石川さんの前に、アレは突然姿を現した。

それは、夏の暑い時期のこと。

家の裏にあるこぢんまりとした畑で一人遊んでいるとき、何げなく後ろを振り返った。

視界に入ってきたのは、畑の上に佇む真っ黒な丸いモノ。

何処からどう見ても、忌まわしきあの物体で間違いなかった。

固まる彼の目の前で、奴は不気味に全体を震わせると、口唇部を目一杯パカッと開いた。

「あああああああああああっっっっっ！」

その声を聞いた途端、あの悪夢が甦ってしまい、顔面をぐしゃぐしゃに濡らしながら、石川さんはその場から逃げ出した。

その後、それは何度も何度も彼の前に姿を現すこととなる。

おおよそ一月に一回の頻度で目にするし、あれから半世紀以上経過した今でも、未だに目にする。

だが、ただ単に姿を現してすぐに消えてしまうだけで、あの悍ましい奇声を耳にすることはあれ以来ない。


一体コウ君の身に何が起きたのか、そしてあの薄気味悪いモノが一体何の目的で石川さんの前に現れるのかは、誰にも分からない。

「小馬鹿にさっちぇるみてえで、頭さきてっげど。悔しぃげど、どうしようもねえべなァ……」

でも、最近コウ君の夢をよく見るんだ、と石川さんは妙に懐かしそうに言った。

夢に出てくるコウ君はもちろん昔の姿のままで、既に年老いた石川さんと一緒になって遊んでくれているという。


コウ君がいなくなってから数年後、石川さんは友人達と連れだって、あの集落を探そうと何度も試みたことがある。

しかしながら、幾ら探し回っても、どうしても見つけることができない。

険しい山の中腹辺りでそれらしき場所を見つけることができたが、そこはかなり大昔に打ち捨てられた開拓集落の痕跡だったらしく、彼らが見たような建物の名残は何処にもなかった。

四人集落

佐藤耕治さんという営林署の職員の方から聞いた話である。

まだ携帯電話が一般的でなかった頃の話だという。

ある年の秋のこと、山梨県のとある山村近くの林道で、行き倒れの男性が保護された。保護されたときには受け答えもできないほど衰弱していた。この衰弱具合では、山中を何日彷徨ったのかも判然としない。

医者の診断の結果、幸い命に別状はないとのことで、保護した村人達も胸を撫で下ろした。

男性は次第に回復した。しかし、何故自分がその村に辿り着いたのか、上手く説明できないようだった。

男性は田沼と名乗った。本人の所持品とも合致していたので嘘ではないだろう。

田沼さんは三十代後半で、本人の弁によれば自宅は甲府の近隣らしいが、趣味で山歩きをしたり、ハイキングをしたりと県内の色々な山に足を伸ばしていたらしい。

「ここ、何処ですか」

彼は自分が何処にいるのか理解していなかった。

調書によれば、彼が最後に足を踏み入れた山からは、方向も見当違いだし、大分距離がある。

山の中を彷徨いながら辿り着いたという話には、村人も首を捻った。

体力が戻って、無事退院になるという前の晩、彼はポツリポツリと、自分の体験を話し始めた。

「きっかけは、昔聞いたことのある話を、確かめに行こうと思ったんです」

その峠には、不思議な道路標識があるという。

麓から山道を徒歩でずっと登っていくと、何度目かのアップダウンを経た後で車一台分くらいの幅の細い道になる。

そこまでは辛うじて舗装されているが、その峠から先は未舗装路だ。

そこに赤茶けた古い道路標識が立っている。ただ、この道路標識はただの道路標識ではない、という噂だった。

見える人と見えない人がいるというのだ。しかも、その先に進んでいった者は、戻ってこられないという。

都市伝説というか、子供騙しの怪談というか、とにかく雑な噂話だ。

それなら確かめてやろうじゃないか。そこに至るまで、時間は掛からなかった。

田沼さんは、標識が見えない人というのは、単に注意不足なのだろうと考えた。それなら、山歩きにも慣れている自分なら、その道路標識くらい見つけられるだろうし、何ならその先の集落にも足を伸ばして仲間内で報告すれば、ちょっとした話題にはなるだろう。

彼は整備された道を散歩するくらいの軽い気持ちでその峠に足を伸ばした。

週末、公共交通機関を乗り継いで麓の街に到着したのは、まだ朝といっていい時間帯だった。そこから徒歩で峠を目指す。峠まではゆっくり歩いても四時間は掛からない。昼前には到着するだろう。


事前の情報で分かってはいたが、足元は舗装されているし、所々街灯も立っている。山林の整備に入っているのか、軽トラックが道の脇に駐まっている。

拍子抜けした。

奇妙な都市伝説の舞台とはどうしても思えない。

田沼さんはそのまま歩を進めていった。次第に道は細くなっていったが、一本道を三時間ほど歩いて、呆気《あっけ》なく目的の峠まで辿り着いた。

――これなら、車で来ても良かったかもしれない。

そんなことも思った。

ただ、意外だったのは、道の先に、Y字に分岐した小道が延びていることだ。確認しても、手元の地図には峠までしか道が載っていない。

そして、その分岐に、赤く錆びた道路標識が立っていた。

どうも大分古いものらしく、文字も殆ど読むことができない。ただ辛うじて、右側の矢印の下には、四・五キロメートルと書かれており、左側の矢印の下には、四・九キロメートルと書かれているのを読み取ることができる。

もう少し古い時代の地図も複写してくれば良かったかと考えたが、引き返して装備を調え、また戻ってくるという選択肢はない。

どちらに進んでも、戻ってこられない。

そう聞いたが、こんなにも堂々とした分岐が、人によって見えたり見えなかったりするというのもよく分からない。

田沼さんはカメラを構え、分岐や道路標識の写真を撮影した。

問題は、どちらに進むかだ。

どちらに向かっても戻ってこられないというが、今は真昼間だ。何か危険を感じたら、すぐに戻ればいい。

彼はデイパックから携行食を取り出し、それを口に運びながら考えた。

まだ昼まで少し時間もある。それなら少し足を伸ばして、それから引き返してくればいい。どちらを選んでも往復二時間ちょっと。陽が落ちる前に麓に戻るには、この分岐から三時間見ておけばいい。最悪陽が沈んでも、麓に近い側にはあれだけ街灯があるのだから、そこまでの危険はないだろう――。

結局、左側の矢印で示された小道を行くことにした。四・九キロメートル先に過疎で廃村になった集落があるのだろう。

誘われるように歩を進めていく。未舗装路だが、草に埋もれたりはしていない。つまり、誰かが定期的に利用しているということだ。

廃村になっても、山菜取りに入ったり、山林整備や送電用の鉄塔へのアクセスとして使われているのだろう。

田沼さんは何となく腑《ふ》に落ちた気がした。


道は山を巻くように右へ左へとくねりながら先へ先へと延びていく。

所々で木々が途切れ、まだ見頃には大分早いが、色付き始めた紅葉が眼下に広がっている。

一時間半ほど歩くと、集落が見えてきた。道の左右に数軒の家屋が並んでいる。林業で生計を立てていたようで、作業小屋の中には、埃を被った機材が放置されている。道はこの集落で尽きているようだ。抜け道も迂回路もない。一本道の先は狭い墓地で途切れていた。

人の気配は一切感じない。

ぐるりと集落を一周しても十分と掛からない。ここから先には何処にも向かう先はない。あとは引き返すしか選択肢がない。

腕時計を確認すると、まだ十三時を少し回ったところだ。ここから分岐まで戻って十五時。そこから山を下っても十八時。バスの時間にも十分間に合う。

それでは帰りますか。ふぅと一息吐いて踵を返す。

戻ってくる道すがら、風景をカメラに収めながら歩いていると、野良着を着込んだ小柄な老婆が道の向こうからやってくるのが見えた。

やはりこの道は現役なのだ。そう思ってほっとする。

近付いていくと、老婆の表情に異様なものを感じた。片方の眼窩が窪んでおり、そこに閉ざされた瞼が埋まっている。

彼女には片目がないのだ。

田沼さんがそれに気付いたときには遅かった。二人は道で対峙した。

「ここは何という村の辺りですか」

なるべく愛想良く訊ねてみると、老婆は不思議そうな顔をした。

「ここいらは、しびとの集落だな」

しびと——死人とは穏やかではない。どう応えようかと戸惑っていると、老婆は手を顔の前に持ち上げた。

「最初は四って書くだ」

それに続けて早口で集落の名を口にしたが、モゴモゴという響きに、正確な名称は聞き取れなかった。

恐らく四人村とでも書くのだろう。ともあれ違っていてもどうということはない。

「ちょっと道に迷って、こんなところまで迷い込んでしまったんです。僕はこれから山を下りて、中央線かバスを使って甲府のほうに戻りたいんですが、どうやって帰れば早いか分かりますか」

この質問が地元の老婆に対して不躾《ぶしつけ》なのは理解していたが、たまたま迷い込んだハイカーを装う。

老婆の顔に緊張が走った。

彼女は表情を固くしたが、今しがた自分が辿ってきた山道のほうを振り返って、丁寧に説明をしてくれた。

一部は方言がきつくて聞き取ることができなかったが、大まかな内容は、四日以内にこの集落から出られれば、この道の先で石畳の敷かれたところに出る。そこで出会った人と問答すれば帰ることができるかもしれないという話だった。

田沼さんは、老婆の発言を聞きながら困惑した。

内容だけではない。老婆は話をしながら、怒りを堪《こら》えているような表情を見せる。こめかみのところがピクピクと痙攣《けいれん》している。何に怒っているのか、それとも興奮でもしているのか。その様子からして尋常ではない。

内容もおかしいではないか。

まさか先ほどの分岐まで四日も掛かるということはないだろう。老婆の言い間違いにしたって四時間は掛かり過ぎだろう。事実往路では一時間ちょっとで集落まで辿り着けたのだから。

外見はともかく、言っていることがずれている。

そもそも老婆の向かう先には廃村しかない。この老婆は何をしに行くのだろうか。

アドバイスでは、石畳のところまで行けば、そこで何か問答すればいいらしいが、その内容もまるで見当が付かない。一つは彼女の言葉を殆ど聞き取れなかったからだ。方言にしては、近隣では聞いたことのないイントネーションだった。

疑い出したらキリがない。

礼を言って老婆とすれ違う。

だが、やはりこの先で何をすれば良いかを聞き直しておいたほうが良いのではないか。

「あ、さっきのことなんですけど——」

振り返ると、今いたはずの老婆の姿がない。時間にして数秒だったはずだ。

見通しのいい一本道。見失うはずがない。

背筋が寒くなった。思わず歩みが速くなる。

風が出てきた。まだ日は高いが心細い。


来た道と違う。

田沼さんは焦っていた。

老婆と別れてからもう大分歩いたが、周囲の風景に見覚えがない。

あの紅葉を眺めた場所は何処だ。

腕時計で確認してみると、いつの間にやら二時間以上歩いたことになっている。

午後三時。山間なこともあり、日が大分陰ってきた。このまま夜になるのではないかと不安に襲われる。

――こんな所に来なければ良かった。

だが、後悔したところで、現状が何か変わる訳ではない。

老婆が四日と口にしていたことを思い出し、嫌な気持ちになる。

そこから一時間。もう大分暗くなってきている中、視界に掘っ立て小屋のようなものが入ってきた。もちろん往路ではそんなものは見かけなかった。そちらに向かって一本道を歩いていくと、掘っ立て小屋の周囲の地面は石畳で覆われていた。

ああ、先ほど老婆が言っていたのはここか。

掘っ建て小屋に行けばどうにかなるだろう。

そこは間口の大きく開いた店舗のようだった。中を覗き込むとむしろが敷いてあり、その上に子供が二人座っていた。

片方は小学三、四年生くらいの男の子で、もう一人はそれよりも一つか二つ上と思われる女の子だった。

田沼さんはその子達に声を掛けた。

「君達ここで何をしているんだい」

その問いに男の子が答えた。

「僕達はここでお留守番をしているんだ」

「君達の家はここなのかい」

そう訊ねると子供は首を振った。

「違うんだ。余所者が来たときだけここに来て待っているんだよ」

余所者という言葉が気になった。

「僕達は、その人が何を選ぶかによって貰うものが違うんだよ」

「選ぶってどういうことだい」

「ここに迷い込んだ人達はね、必ず選ばなきゃいけないんだ。選んだものが何かによって、帰れるかここに居続けるかが決まるんだよ」

子供達は、駄目押しのように声を揃えて田沼さんに向かって言った。

「どっちかなんだ」

その人から貰うものを選んでもらう。それで行き先が変わるんだ――。

なるほど、さっきの老婆は正しい内容を伝えてくれていたのだろう。それなら慎重に対応する必要がありそうだ。

「おじさんの名前は何とお言いかい」

「お前さんはどちらから来たんだい」

二人が、子供らしくない言い回しで訊ねてきた。先ほどとは子供達の纏っている雰囲気までが違う。田沼さんはそのやりとりに付き合うことにした。

「おじさんはね、田沼弘というんだ。甲府の町から来たんだよ」

その答えに、二人はただ、ふぅんとだけ答えた。まるで興味もないのに、義務だから訊ねたように思えた。

男の子はむしろの上に置かれていた帳面を拾い上げると、そこに平仮名で田沼さんの名前と、そして〈こうふ〉と書き込んだ。

帳面には様々な名前が住所とともに書きつけられていた。男のものも女のものもある。その全てが平仮名だった。

「何で書くんだい」

「これは記録であるが故に、書き留めねばならないのだ」

分かったような分からないような返答だ。それにしても、小学校三、四年生くらいの子供の物言いではない。

「ここに来てから何日が経過したのか答えよ」

「今日来たばかりだよ」

田沼さんは、あくまでも小学生に対して伝えるような態度を崩さなかった。

二人はまた興味なさそうに、ふぅんと答えた。

「帰りたいのか」

男の子のほうが、田沼さんの目をじっと見つめて訊ねた。

「うちに帰るんだよ。今から」

何げなくそう伝えると、子供達の動作が一瞬止まった。男の子とのやりとりの間、女の子は下を向いていたが、彼女がゆっくりと顔を上げた。

「下のほうに戻る為には、何か二つ供える必要があります。そのお供え物を二つ捧げないと、ここからは帰すこともできないし、通す訳にもいかない」

田沼さんはその言葉に、不意を突かれた。

お供え物とは何だろう。お地蔵さんか何かに備えるようなもので良いのだろうか。そういえば、デイパックにはまだ入れっぱなしの携行食が残っていたはずだ。

デイパックを下ろして中を漁《あさ》ってみると、チョコレートや飴玉も見つかった。

「こんなもんでいいかな」

そう言いながら、かき集めたお菓子を子供達に渡そうとすると、二人は心底呆れた顔を見せたのちに、お菓子の載った手を激しく払い除けた。

「こんなものではない。貴様、失礼にもほどがあるぞ」

その態度が余りにも高慢であった為、田沼さんは呆気に取られた。

地面に散らばったお菓子を拾い上げようかとも考えたが、男の子は続けて帳面を突きつけてきた。

「この二つから選べ」

翳《かざ》された帳面を見ると、右のページには「目の玉一つ」、左のページには「指一本と足の指一本」と、見開きに大きく不穏な文字が記されていた。

何度読んでも頭の中に何も入ってこない。この子達は一体何を言っているのか。悪い冗談にも、程度があるではないか。

結果、田沼さんにできたのはただ力の抜けた声で、「何これ」と訊ねることだった。

――これのどっちかを選んでくれないと帰せない。

「お前は、まだ自分の置かれた立場が分かっていないようだな――」

男の子が馬鹿にしたような表情で田沼さんの顔を覗き込んだ。

怖くはあったが、それよりも田沼さんは腹が立った。

「どっちも嫌だよ。知らないよ」

不機嫌な感情を隠さずに言った。

「それでは仕方がないな」

二人は掘っ建て小屋からすたすたと歩いて森の奥へと行ってしまった。

待ってくれよと声を掛けても、二人は振り返らず、暗がりに融けるようにして姿を消した。気が付くと周囲はとっぷりと暮れて真っ暗になっている。

――どうしよう。

このままここにいても家に戻ることはできないのかもしれない。

そう考えると恐ろしくて仕方がなかった。

あの子供達は何だったのだろうか。大人をからかいやがって。

暗闇の中で悪態を吐けども二人は戻ってこない。

仕方がないので、真っ暗な中を道に沿ってただ歩き続けた。先へ先へと進んでいけば、もしかしたら人里に出るかもしれない。足元の道は続いているのだから、希望はあるはずだ。

だが、歩けども歩けども何処にも着かない。ただ道は続いていく。

真夜中を過ぎ、夜が明けてきた。それでも麓に行きつかない――。

「僕の記憶はそこまでなんです」

田沼さんが保護されたときに、彼はカメラもデイパックも持っていなかった。なので、証拠になるようなものは何もないのだという。

佐藤さんは、田沼さんの話を黙ったまま聞いていた。田沼さんの話が一段落したところで、彼はいいかいと声を掛けた。

「しびと集落って言ってたね」

「御存じですか？」

田沼さんの顔がパッと明るくなった。

「多分、四人って書くらしいんですが――」

佐藤さんは首を振った。

「俺もここ出身で、ずっと地元で暮らしてきたんだけどね、そんな名前の集落は知らないよ。あんたの話によると、この山の上のほうってことだろ」

彼は一旦そこで言葉を切り、落胆した表情の田沼さんを励ますような口調で続けた。

「ただ――この辺りでは昔から、よく神隠しが起きるって言われているんだ。もしかしたら、そこいらと関係があるのかもしれんな。どっちにしろ、あんた帰ってこられて良かったよ」

佐藤さんが、たまたま峠で軽トラを転回したときに、田沼さんが倒れているのを見つけたのだ。

田沼さんは数日入院した後で退院していった。

ただ、一週間ほどして、佐藤さんの元に連絡が入った。

無事、仕事には復帰することができたらしい。しかし、それも長くは続けられそうにないという。

「彼は、建築関係の仕事をしていた人らしいんだけどね、帰って早々事故に巻き込まれて大怪我をしたって言うんだよ。彼、現場で、でかい資材の下敷きになっちゃってさ、親指と中指切断しちゃったらしいんだ」

それ以来、田沼さんは遭難した地域には近付かないことにしたらしい。

それでね。

佐藤さんは最後に付け加えた。

「それ以来、俺も何年かに一回、その道路標識と、その先に続いている分かれ道を見るんです。でも田沼さんの話を聞いていますからね。絶対に足を踏み入れたりなんかしませんよ――」

どうかそのままに

～　奇譚ルポルタージュ

明坂さんという男性がいる。

ある人から紹介されたのだが、初対面のときから彼はこちらを異様に警戒していた。

当時の年齢は二十八歳で、数えだと二十九歳になる。

中肉中背で、露出した部分の肌は浅黒い。精悍《せいかん》なイメージを受けるはずのビジュアルだが、覇気がないせいか、やや虚弱な雰囲気が漂っていた。どちらにせよ、心に壁がある、或いは最初から一線引いている様子が窺えたことに間違いはない。

当初から核心に触れた話はしなかったが、それでよいと思っていた。

隔週でコンタクトを取ることだけは続けたのだが。

何度目からだったか、彼の表情が柔らかくなり、口調が滑らかになっていった。

とはいえ〈ある話〉になると、訥々《とつとつ》とした口調に変わる。

これから記すのはその〈ある話〉で、何年も前に明坂さんが体験したものである。

話の殆どを聞き終えたのは、彼と知り合ってかなり時間が経ってからだ。

時系列など整理はこちらで行った。情報がなく欠落せざるを得なかった部分や、書けない部分があるので読みづらいかもしれないが、御容赦いただきたい。

◆

明坂さんは関東の大学を卒業した。

どうしても学びたい学科があったので、一浪して入った大学だった。

勉学に励んだおかげか、就活も上手くいったと思う。

が、入社した会社が半年と少しで倒産した。入社後からそれとなく報《しら》されていたことだったとはいえ、本当に潰れるとは思いも寄らなかった。

その後、関東の同業他社へ転職は難しく、結果的に地元へ戻ることとなった。

両親は快く迎えてくれた上、少しだけ休んだらどうかと勧めてくれる。

「学びたい学部がある大学へ入る為に浪人までした。仕事に就いたら就いたで会社を潰さない為に尽力した。疲れているだろう。少しの間なら遊んで良い」

父親の労いを素直に受け取り、明坂さんはバイクの一人旅に出ることに決めた。

テント泊で節約しつつ、三カ月の旅だ。

ただ、時期が悪い。真冬に二輪で旅をするのは無理がある。春が来るまで日雇いのバイトを繰り返し、金を貯めた。

空気が緩み、雪も溶けた頃、彼は実家を旅立った。

中古で購入したモタード的オフロードバイクに、パッキングしたソロキャンプ用の装備を積み込んでの出発だ。

目的地はあるようでない。いや、あるにはあったのだが、かなり曖昧な設定だった。

それは〈自分のルーツである、とある氏族が移り住んだ土地を訪ねる〉である。

彼は学生時代に自分の家系を調べた。そこで明坂家の元になる氏族が、北部九州から本州へ移り住んだことを知った。ただし、一箇所ではない。本州のかなり大きな範囲に散らばるように広がり住んでいた。

ならばと、その氏族が移り住んだ土地を幾つか回ってみることを決めたのだ。

とはいえ、氏族絡みの遺構をわざわざ訪れたりはしない。ただ、その地域に足を踏み入れる程度で構わなかった。だから途中で止めても良いし、新しい目的ができたらそちらへ変更しても良い、と決めた。

緩い旅になる予定だった。

出発から数日が経った。

北上しつつ、西へ東へ蛇行するようにバイクを走らせた。

天気が良い日はテントを張り、寝袋で就寝したが、寒さで眠れないこともあった。

雨の日は公園や駅など屋根のあるところでキャンプしようとしたが、何度か警官や管理者に見つかり追いだされたこともある。そんなときはビジネスホテルを使うか、宿泊施設が見つからなければ夜通し移動した。

慣れてくると不便な旅も楽しくなってくる。が、やはり辛いときは辛い。

そんなときは繁華街のある賑やかな駅前を訪れ、近くの格安ビジネスホテルを根城にして、二日ほど休みながら美味しい物を食べた。


気楽な旅も約一カ月半が過ぎようとしていた。

雨が増えてくる時期で、時折酷く冷えることがあった。

無理せず、ホテルに泊まり体調を整える。週間予報で晴れ間が続くときを狙って、次の目的地へ走り出した。

いつしか緑美しい山々が見えてきた。気持ちよい道路は緩やかにアップダウンしているが、片側一車線で走りやすい。

途中、たまに出てくる石仏達に目を奪われる。

その度にバイクを停めて見てみたが、実に味わい深い。

そこまで傷んでいないものから、表面が摩滅した相当古いものもある。お供え物をされている所もあれば、人が来た気配すらない場所もあった。

それぞれ、何の仏か区別が付かない。前掛けが掛けられていれば何となく地蔵尊のような雰囲気を感じとれるが、それが確かなのか分からなかった。

何となく気になって、石仏を求めるように進んでしまう。

もちろんそんなに頻繁に出てくるはずもない。忘れた頃に一体、また意識から抜け落ちたときに一体と出てくる。

その度にバイクを止め、跨《また》ったまま頭を垂れ、手を合わせた。何となくそうすべきだと感じたからだった。

途中、気になる小路が出てきた。今進んでいる道路から右へ入るほうへ曲がっている。その入り口にまた石仏が鎮座していた。お地蔵様のようだった。

奥を見ると、左右を林に挟まれた道が緩やかに登るようにまっすぐ続いており、その合間からスカッとした青空が見えている。

ああ、これは行くと気持ちが良い道だなと、一度入ってみることにした。

進んでいくと、路面のアスファルトが荒れてきた。途中石仏が一つあったが、草に紛れた状態だ。もしかすると途中で何体か見落としたかもしれない。

引き返そうかと思うのだが、何となく勿体ない気がした。

スマートフォンのマップアプリではこの先に進むと二級河川と併走する道になる。そのまま抜けると大きめの県道へ繋がっていた。その県道にある手近なコンビニまでを検索してみれば、結構な距離が表示された。とはいえ、戻ってみても開けた場所へ出るには同じくらいの距離と時間が掛かるようだ。

このまま進んでしまえと、バイクを走らせた。

下り坂になると左右に曲がりくねった隘路《あいろ》に変わる。四トントラックがギリギリ通れるか通れないかの幅しかない。この頃になると石仏云々は頭から消えていた。

途中でアスファルトも切れる。硬い土になった。深く抉《えぐ》られたような轍《わだち》が刻まれていた。木材や土砂を運ぶトラックが踏み固めたのだろうか。

更に進むと左手側に河川が出てきた。思ったより川幅があり、水面が近く感じる。

何となく速度を落として走った。

道が徐々に川から離れていく。雑然と並んだ木々で遮られ、遂に川面は見えなくなった。

再び山中へ分け入る形になったが、地面にアスファルトが戻ってくる。

所々に泥汚れのようなタイヤ痕を見つけ、少し安心した。

次第に道幅が広くなっていく。少し見晴らしが良い場所へ出た。

右側へ分岐する道があり、そちらへ幾筋もタイヤ痕が続いていた。

バイクを停めて小休止する。午後になったばかりで時間はまだ余裕があった。

右のほうの道は、オフローダー（オフロードバイクに乗る人）がよく走っている場所か、或いはキャンパーが集う施設への入り口ではないかと当たりを付けた。

（もしかしたらペンション的なものがあるのかも）

看板や案内はない。更にネットで調べても出てこない。何もないのか、もしくはまだできたばかりでデータ更新されていない可能性もあった。

それでも何か気になる。先に進んでみて、何もなかったらまたマップを見て最短距離で戻ろうと決めた。


少し進むと倒木があったが、脇に除けられた痕跡があった。

やはり誰かが使っている道だと確信を深めた。

更に前進すると、林の切れ間が出てくる。そこから建物らしきものが見えた。

ペンションか何かかと近付けば、予想が外れた。

中央を不格好なコンクリートの道が貫き、その左右に十軒足らずの住居が立ち並んでいる。

それぞれのデザインは脈絡がなかった。少し古びた昭和風建築から築浅に見えるモダンな物、果てはログハウス調の物すらあるのだ。共通しているのは屋根で、どれも三角形をしている。フラットなものはない。雪が降る地域だからか。

家の傍には軽トラックや軽の四駆など駐まっているが、どれも新しめのモデルだった。周囲は山の斜面と木々で囲まれている。そのせいか、山間の集落的な雰囲気が漂っていた。いや、印象だけで言えば、山村、か。

家々の合間には家庭菜園らしきものがあるが、家の裏や少し離れた所に本格的な畑も広がっていた。自給自足という言葉が頭をよぎった。

バイクを降りてみて分かったが、道を中心としたとき、入り口側から向かって右に掛けて若干傾斜している土地のようだ。

見回していると、右の奥、少し下がった部分に朱色も鮮やかな鳥居が目に入った。

エンジンを切ったバイクを押しながら道を歩けば、何人かの人達に出会う。

若い男女は二十代くらい、一番年嵩《としかさ》で中年男性だ。会釈するとあちらも頭を下げる。ただし、全員が少し訝しげな顔だった。

道はそこまで長くない。バイクを押していても、僅かな間に終わる。コンクリートが切れた辺りは山と木々に遮られたどん詰まりで、何処にも抜けていなかった。

Uターンしていくと、先ほどすれ違った中年男性が声を掛けてきた。

「何処から来たの？」

訛りがない、標準語だった。

少し長めに伸ばした髪と顎髭で、着ている服も若者が身に着けるような物をチョイスしている。何となく、普通の会社員には見えなかった。

失礼がないようにバイク旅をしていることを説明すれば、相手はうんうんと頷く。

どうせならウチで休んでいらっしゃいと誘われた。

明坂さんは二つ返事で了承した。

旅を続ける内、人の厚意に慣れてきていたからだ。

旅を始めた頃は固辞していた誘いですら、今はすんなり受け入れられる。

相手の男は安曇野《あずみの》と名乗った。

東京暮らしをしていたが早期リタイアをしたのだ、と説明された。

安曇野が入っていったのは、あのログハウスだった。

中は意外と整っており、大きめのテレビやノートパソコンがある。

何げなく自分のスマートフォンを見たら、圏外になっていた。自分の使っているキャリアだと電波が飛んでいないのだろう。山の中だとよくあることだった。

ドリップした珈琲と手作りだという洋菓子を頂く。どれも美味しかった。見れば小さなキッチンが隅にある。オーブンレンジらしきものも見えた。

安曇野は元々IT系で働いていたが、心が疲れて何処か田舎へ引っ込みたいと思い退職したらしい。デジタルノマドじゃないけれど、今の時代はネットさえ繋がれば何処でも仕事ができる、このログハウスは仕事場だと自嘲しつつも自慢げだ。

明坂さんは、こんな所にもネットが来ているのかと感心した。

その後も雑談を繰り返した。安曇野の話は面白く、時が経つのを忘れさせる。壁に掛かった時計は既に午後四時を回っていた。

長居し過ぎたなとお礼を伝え、立ち上がった。

「ここへ泊まっていけば？　宿代が浮くよ」

確かにそうだ。今からあの山道をバイクで走るのも面倒くさい。安曇野のありがたい申し出を受けることを決めた。

とはいえ全て無料で世話になる訳にはいかない。お礼を包もうとすると、安曇野は首を振って受け取らなかった。

「お金はいいから。明日、野良仕事を少し手伝ってよ」

訊くと、自分はこのログハウスの他に小さな菜園と寝る為の住居を持っている、その菜園の仕事をやってほしいという。

承知した明坂さんに対し、彼はここで待てと指定し、何処かへ出かけていった。

ログハウスの中でのんびり待っていると、足音が聞こえ、安曇野が戻ってきた。

「ウチの奥さんとここに住む人達が御飯用意してくれるって」

期せずして、山村に住む全員と夕食になった。

場所は安曇野と奥さんが住む家で、二階建てのまだ新しいのものだ。

横に黒い軽の四駆が駐められている。安曇野の愛車で、色々便利だと自慢された。

中に入ると、何人もの人が食事の準備をしている。あの訝しげな目を向けた男女もおり、非礼を詫びられた。

この山村には、安曇野夫妻の他に五名が住んでいた。

二十代の若い夫婦が一組。三十代の夫婦が一組。

そして妻に先立たれたという中年男性が一人。彼は森と名乗った。

全部で七人。ほぼ全員が関東から移住してきた人達だった。

こんな所に住んでいる人がいたなんて知りませんでした、と正直に言えば、殆どの人が

「物好きでしょう?」というようなことを言って笑った。

元は森が夫婦でこの土地を買い、開墾し始めたらしい。他の人はネットで繋がり、徐々に移り住んできた。

順番で言えば、森、安曇野、そして三十代夫婦、二十代夫婦になる。

最初、近隣で買った建物を移築してみたが、費用のほうが高いことが分かった。

それから新たに建てるか、或いはログハウスのように時間を掛けて手作りすることがベターな選択だとされた。

生活用水はポンプで汲み上げた井戸水を使う。電気はきちんと電力会社から引いてもらった。煮炊きや風呂はオール電化、プロパンガス、灯油ボイラーを使う家庭が混在していた。食物は自給自足できる分はそれで、あとは週一の買い出しで賄うスタイルに落ち着いた。

ネットも繋がっているので、通信インフラも問題ない。

「街中で暮らすのと殆ど変わらない生活レベルで、買い物と病院だけがネックだ」

全員が口を揃えて言う。

そういう暮らしもありだなと感心しながら、明坂さんは彼らが作った簡易イタリアンのような料理とワインを楽しむ。もちろん、素材は自家製野菜と買ってきたジビエだった。

とても美味しかった。

宴が終わった後、明坂さんはログハウスへ戻った。

キッチンで歯磨きし、簡単に身体を拭いた。安曇野の家で風呂に入っていけと誘われたが断った。どうせ一晩のことだったからだ。

ふと思い出す。彼らはここの水は旨いと自慢していた。地下から汲み上げた水は、そのまま飲んでも美味しい上、お茶や珈琲に最適だと言う。確かに御馳走になった珈琲は素晴らしかった。

明坂さんはキッチンの水道から汲んだ水を飲んだ。

最初の一口は冷たくて甘く感じた。ただ、その後徐々に鉄分というか、生臭みを感じるようになった。ふと腕の匂いを嗅ぐと、鉄っぽさが漂っている。さっきこの水で拭いたからだろうか。配管内が錆びているか、それとも別に理由があるか分からない。何となく気になったが、余りに気にしても良くないと無視を決め込んだ。

内側から戸締まりし、床に自前の寝袋を敷いた。外気を遮断しているので、寒さはない。

ほろ酔い気分でのんびり寝転んだ。

目を閉じてみるが、どうしても眠れない。

静か過ぎるのだ。普通なら内外の音が耳に届く。それがしんと静まり返っていた。

耳を澄ませると、漸《ようや》く何かの音が聞こえた。天井のほうからだった。

例えるなら、小雨が降り注ぐ音か。いや、違う。細かい砂が振ってきて、屋根に当たったらこんな感じに聞こえるかもしれない。

しかし、外は晴れていた。ログハウスへの道すがら、満天の星も見上げた。

(天候が急変したのか)

起き出して外へ出てみた。やはり雨は降っていなかった。

あの降り注ぐ砂のような音は微塵も聞こえない。

逆に、山から吹き下ろす風の音や、野生動物の鳴き声が喧《やかま》しいほど耳に届く。

ログハウスというのは防音効果も高いのかと感心してみたが、よく思い出すと明坂さんを呼びに戻ってきた安曇野の足音は、室内にいても聞こえていた。

だとすれば、そこまで外部の音が遮断される訳でもなさそうだ。

もう一度戸締まりをし、寝袋に入った。

さっきと違い、まるで壁がないかのように、外の音が大きく聞こえるようになっていた。

翌朝、約束通り安曇野の農作業を手伝った。

途中で鳥居について訊ねてみる。彼は事もなげに答えた。

「あれはコンクリート製の鳥居。社もあるが他から貰った物だよ」

どれも紛い物だろうが、人が住む場所には中心に鎮守の社が必要だからと笑う。

祀っているのは分祀された神仏ではなく、開墾したときに出てきた石だった。

ドッジボール大で、表面が滑らかだったから御神体にしたようだ。

ただの真似事だから意味はないと安曇野は強調した。

改めて周りを眺めると、実に平和で穏やかな世界が広がっていた。

素直に、良いところですねと褒める。

「もしここが気に入ったなら、旅の帰りにでもまた寄ってよ」

安曇野は屈託なく再訪を勧めてくれる。社交辞令とは思えなかったので、スマートフォンのＧＰＳとマップアプリを使い、現在地を記録しておいた。


農作業を終えた後、畑脇で早めの昼食が済んだ。

近くにある水道から飲んだ水は、甘く美味しかった。鉄の味も臭いもなかったから、やはりログハウスの配管が錆びているのだろう。

そろそろお暇《いとま》しますと言えば、安曇野は苦笑いを浮かべた。

あの独り暮らしになった中年男性――森が、既に街へ買い物に行っている。明坂さんに夜の御馳走を用意する為だ、と引き留められる。

そんなことを聞いては、立ち去ることはできない。二泊目が決定した。

夕餉《ゆうげ》は魚と牛肉がメインの和食風だった。

場所は昨日と違い、食材を買いに行ってくれた森の家だ。

外見はただの平屋だが、中はモダンな雰囲気で纏められている。

やはり全員が集まっての宴会になっていく。その日は日本酒で、一升瓶が数本持ち込まれていた。が、日本酒に詳しくないので、どのような素性の酒か分からない。酒所の銘酒だ、とだけ聞いた。

夜が更け、最初に女性陣が退席していく。

そして若い男性二人がそれぞれの家へ戻っていった。

残されたのは、明坂さんと安曇野、森だけになった。

自分以外の二人は明らかに酔っている。

森がぼそりと口を開いた。

「うちのが死んじゃったの、聞いてるでしょ?」

森の奥さんは、ここの家が完成して三年ほどしてから病に倒れた。

街の病院へ連れていくと、病巣が内臓を喰い尽くしており、手遅れだった。

遺骨は森の実家の墓へ納め、この家に仏壇は置かなかった。仏壇があると、妻を思い出し悲しくなるからだと彼は言う。代わりに、山村にある社の裏に〈奥さんの似顔絵を描いた石を埋め、それを毎朝拝んでいる〉と吐露された。

何と言葉を掛けてよいか分からない。逡巡していると、森は続けた。アイツ、妻は不幸だったのか、と。

森の、独り言のような自分語りが始まった。


――森は奥さんとの間に、二人、子を儲けていた。

子供を作ることを熱望していたのは彼自身だ。

待望だった一人目は女の子だが、生まれた直後に死亡が確認された。

二人目は、数日生きた。こちらも女の子だった。

ただ、外見が通常と異なり、身体に先天的な病を抱えていた。そして、彼岸へ旅立った。

一人目は北陸で、二人目はここで授かった命だった。

二人目を喪ってからここへ戻ってきた後、奥さんは塞ぎ込むことが増えた。

しかし自然豊かな環境で多少心の傷が癒えたのか、三人目を作る話を口にし始める。

大丈夫かと様子を窺えば、明るい笑顔で返された。

だが、幾ら頑張っても三人目はできず、遂に奥さんは病に倒れた――。

俺の我が儘《まま》に付き合わせて結果死んだようなものだ、移住も自分が望んだことだったから、と森は自らを嘲《あざけ》るように、責めるように笑った。

無言のまま、所在なく立ち上がろうとしたとき、安曇野が語り出した。

俺も似たようなものだ、と。


――東京で暮らしていたとき、安曇野は結婚した。

奥さんは一歳上であった。子供は早めに欲しいねと毎日語り合っていたという。

そして夫婦待望の懐妊が明らかになった。

生まれてくるのを楽しみにしていた最中、奥さんが階段から滑り落ち、子は流れた。

お互いに心の傷になったが、それでも、と立ち直った。

だが、二人目はなかなか授からない。

その内、東京脱出を決め、ここへやってきた。

つい二年前、二人目の命が奥さんの胎内に宿った。が、ある検査の結果〈生むかどうか〉

を迫られる事態となった。

安曇野は生まなくてもよいと考えた。無理をすれば、母体も危ないだろう。

しかし、奥さんは〈生む〉と言い張り、言うことを聞かなかった。

念の為、街のウイークリーマンションに一時居を移した。

自家菜園の野菜を持ち込んでは、調理して食べさせる。喜んでくれていたが、食が細くなっていく気がした。

そして、子は生まれた。

かなりの早産で、女の子だった。

体重が足りず、普通の新生児室に入れられなかったようだ。

保育器の中で色々な管が繋がれた我が子を見た瞬間、安曇野は言葉を失った。

小さく頼りない身体の上に、一目で分かるほど変形した頭部があったのだ。

間もなくして子は息を引き取った。

チューブが外された我が子を夫婦二人で交互に抱いた。

まず父親である安曇野だ。

次に妻が抱いた。

泣き続けてクシャクシャだった顔から、突如感情が消える。

その口から、意味不明な言葉が漏れた。
〈ああ、そうなの。そうなの〉
何のことか。訊き返しても何も答えない。ただ、独り言を続ける。
〈そうなんだね。ああ、ひどいことになるんだね〉
〈にし。ふね。ひこうき。うみ〉
〈あああー、おみず〉
〈ひがしなのにね〉
余りに様子がおかしいので、周りもざわめいている。
子を抱き返した瞬間、奥さんは元に戻り、泣き出した——。

「ね、明坂さん。俺も、森さんとこと、似てるでしょ？」
似ているような気もするし、違うような気もするので答えに窮す。
何か気になったので、もう一度奥さんの独り言を確かめた。
〈そうなの。そうなの〉
〈ひどいことになるんだね〉
〈にし。ふね。ひこうき。うみ〉

〈おみず〉

〈ひがしなのに〉

安曇野は殆ど同じ言葉を繰り返した。途中途中に入る〈ああああ〉のような部分だけがカットされていた。

気になるので、安曇野に断ってからスマートフォンのメモに内容を残した。打ち込む途中、勝手に予測変換が表示される。

酷いこと。西。船。飛行機。海。水。東。法則性すら見いだせない。

安曇野が横に座った。

「あのね。あとね。これは言って良いのか分からない。――森さん、聞かせて良い？」

森は頷いた。既に酔いは醒めているようだった。

「ほら、俺達以外の夫婦がいるでしょ？」

二十代と三十代の二組のことだ。安曇野は一呼吸置いて、口を開いた。

「あの人達も、皆ここで二人目の子供を授かったけれど、生まれてすぐ死んだ」

二人目という部分が引っかかる。この山村に子供は一人もいない。だとすれば、一人目はここへ来る前に何かがあって喪ったのか。

唖然とする明坂さんに、安曇野は更に追い打ちを掛ける。

——その二人目の子、みんな外見がちょっとね。

「安曇野さん、もういいよ。明坂さん、酒の席での戯れ言だから、忘れて」

横から森が口を挟んできた。何故か両手を合わせ、頭を垂れていた。何かを拝むような姿としか思えなかった。

屋内が静まり返った。不意に屋根の上に砂をばらまくような音が聞こえる。いや、小雨の音だろうか。

開け放たれたカーテンの向こう、窓の外は暗く、様子は分からない。

安曇野が上を見上げて、ああ、虫かな、と呟いた。

虫が出るのかと質問すれば、山の中だから沢山出る、長い足をした気持ち悪い虫で、天井裏やちょっとした屋根の隙間を大挙して歩くのだ、と至極当然の様子だ。

しかし、もし沢山の虫が歩いたとしてもこんな音に聞こえるだろうか。

虫を追い払うような声を森が上げた。

音は止まない。突然安曇野が立ち上がる。彼が外に出ると、急に静かになった。

明坂さんも後に付いていく。

周りを見てみたが土は濡れていなかったし、見える範囲で屋根に何もなかった。

空は冴え冴えと晴れ渡り、星が瞬いていた。月の姿があったかどうか記憶にない。

安曇野は玄関に向けて大きな声を出した。

「森さん！　俺ら帰るから」

返事が返ってこない。

目を凝らすと、薄暗い玄関の上がり框《がまち》に腰掛ける森の姿があった。

両手で顔を押さえている。

安曇野は明坂さんを引っ張るように連れていった。

星明かりではどうしようもないくらい道が暗い。考えてみれば、ここまで灯りのない真夜中にこの山村を歩くのは初めてだ。

安曇野が細身のライトを取り出して、足元を照らす。

途中で道を逸れた。こっちへ行こうと彼は言う。行き先は鳥居のほうだった。

社の存在は聞いていたが遠目に見たくらいで、足を運んでいなかったことを思い出す。

正直なところ、興味がなかったのだ。

鳥居は本当にコンクリート製だった。

艶のある赤いペンキがライトの光でぬらぬら光って見える。

奥にある社は小さな木製のもので、どう見ても古びていた。

格子戸の奥に丸い石らしきものが覗く。聞いた通り、ドッジボールくらいに見えた。

改めて周りを眺めてみるが、囲うような生け垣や壁のようなものはない。ただ、周辺から僅かに下がった窪地になっているせいか、社そのものが周囲から隠されているような印象が少しある。ふと、森の奥さんの顔を描いた石がここへ埋められていることを思い出した。

鳥居を潜ったが、安曇野は来ない。

振り返ると、俺は鳥居を潜れないのだと苦笑いを浮かべた。

宗教的な問題かと問えば、首を振った。追求するのも面倒で止めた。

社に手を合わせるべきか、お賽銭はどうすればいいのか、小銭があったか。悩んでいると、後ろから安曇野が口を開いた。

「その裏、森さんの奥さんの石と、あと二つ小さな石が埋めてある」

森の亡くなった子供達の石だ、と教えてくれた。

手を合わせる気も失せて、鳥居の外へ出る。考えてみれば、ここに住む人間が勝手に建てたものでしかないのだから、神様なんていないはずだ。

ログハウスへの短い道すがら、安曇野はこんなことも話した。

〈他の夫婦が喪った子の石も、何処かへ埋めてあるらしい。しかし場所は知らない〉

〈後から入ってきたアイツらは、少し心に壁があるから〉

〈俺達は石を埋めていない。埋めたくなかったから〉

〈そもそもあの鳥居は潜れないから〉

愚痴めいた吐露だったように思う。潜れなくても横から回り込めば裏手には行けるはずだが、黙っておいた。

ログハウスに着いたので礼を述べると、安曇野はにっこり笑って帰っていった。


翌日、明坂さんは早朝に外へ出た。

山に囲まれているせいか、まだ暗かった。

誰にも気付かれないよう、バイクのエンジンを切ったまま押していく。

ここにいるのが厭になったのだ。

昨日聞いた話がトリガーになって、山村全てを忌避し始めていた。全部が気持ち悪かった。ここで世話になり飯まで食べさせてもらったが、できることなら全部吐き戻して身体から出したいくらいだ。

普通なら全員に礼を言ってから立ち去るのが礼儀だろう。しかしそれもしたくない。顔を合わせるのを回避する為、誰も起きてこない内に出ていくと決めた。

ログハウスの鍵は開けてきたが問題ないだろう。ここに入る泥棒なんていないだろうし、もし何かが盗まれても他の住民が疑われるだけだ。

かなりの距離を歩いた。振り返って確認し、バイクのエンジンを掛ける。

目指すはあの大きめの県道だ。

分岐点を右に折れ、慎重に進んでいく。

そのとき、ミラーに光が映った。

日の射さない狭い道を、軽の四駆が後ろから走ってきていた。

色は判然としない。が、ライトの形やシルエットから、それが誰の車か気付く。

多分、安曇野の愛車だ。

追いかけてきたのだと思った。否。もしかしたら違う車かもしれない。しかし一度頭に浮かんだ想像は歯止めが利かなくなっていく。

このまま追突され、倒れたところを車に引き摺り込まれて、あの山村へ引き戻されるのではないか。一気に肝が冷えた。

アクセルを開けた。車も速度を上げてくる。

こんな細い道なのに、躊躇《ちゅうちょ》がない。一歩間違えたら左右の林へ突っ込みかねないはずだ。

途中で太めの倒木があった。何となく最近倒れたように見えた。

倒木は進路を塞いでいる。僅かに空いた横の隙間を通り抜ける。

少し走った後、一瞬振り返った。車は倒木の前で立ち往生している。

少しだけ安堵《あんど》しつつ、前を向いて速度を上げる。もう一度、ミラーを見た。

遠ざかる車が映っている。車内から人が降りてきていた。二人か三人いた。安曇野らしき姿もあった。が、薄暗さと遠さでそれが確かかどうかすら定かではない。

連中は全員で倒木を動かそうとしているように見えた。

叫び出したくなるほど怖気を感じる。

そこから先は、限界を超えた運転をしたと思う。

気が付くと県道へ出ていた。太陽はかなり昇っていた。

後ろからあの軽の四駆はやってきていない。

安曇野達と携帯番号やアドレスを交換していなかったことを喜んだ。

と同時にこれ以上、旅を続ける気も失せてしまった。

そのままバイクを実家の方向へ向ける。もちろん、あの山村に近付かないルートを選んだことは言うまでもない。

山村から逃げ出した日は朝から夕方まで走り続けたが、実家には着かなかった。

少なくとも三、四泊は必要な距離が残っている。仕方なく、駅近くのビジネスホテルへ泊まった。

そのとき、気付いた。

着替えなどが入ったバッグに、三枚の名刺が入れられていた。

一枚は安曇野。もう一枚は森だ。あと一枚は知らない名前だった。山村で全員と自己紹介しあったが、こんな名字の人間はいなかったはずだ。

名刺にはそれぞれ会社名が入っている。

ネットで調べると、どれも東京が本社の会社であることが分かった。

安曇野に役職はなかったが、森は課長だった。もう一枚は次長とある。

会社の電話番号、メールアドレス、携帯番号が記されていた。

裏返すと三枚それぞれに携帯番号とアドレス、通話アプリのＩＤが手書きされている。携帯番号は表のものとは違うので、プライベートのものなのだろう。

いつの間にこんなものを差し込んでいたのか。

できるだけ細かく引き裂いて、ホテルのゴミ箱へ棄てた。

そして、気付いた。

こちらに気付かれず名刺を入れることが可能なら、明坂さんの荷物を秘密裏に漁ることもまたできるのではないか、と。

幸い、スマートフォンや財布は常に身に着けていたから個人情報は盗まれていないと思う。だが、それでも何かを探られた可能性があることに身震いした。

◆

明坂さんから聞いた話の、大体の流れはこのような感じだ。

今のところ、安曇野達が身辺に現れた事例はない。

確認の最中、彼はこんなことを口にした。

〈信じられないような話だと思う。できれば信じてほしくない〉

曰く、第三者から信じられたら自身の体験が真実であったと補強されることになる。そうなったら耐えられなくなるから、らしい。

そもそも、彼自身もあのときの体験が信じられず、何度も調べている。

山村へ向かう途中までは辿れるのだが、その先の状況が記憶と若干違っていた。

また、石仏が点々と出てくる道に関して言えば、日本の色々な所にあるらしいが、大体ここではないかと当たりは付けられた。とはいえ、山村周辺と完全に一致する場所は探し果せなかったのである。更に、残しておいたGPSのデータも消えていた。

だから、あれは旅の疲れが見せた幻覚だ、と彼は言い切る。

〈手垢の付いた都市伝説みたいな……そんな謎の村の話だから、余計に胡散臭い話だと思うはず。それでよい。都市伝説で胡散臭い。そういうことにしておいてほしい〉

一応、こちらも当たってみたが、県道など途中まで確認できたくらいで終わった。

ただ、以前取材時にレンタカーで走った地域の周辺である。少し山側へ入るととんでもなく細い道になりそうだったことは覚えがあるし、イメージできた。

明坂さんに、世の中が落ち着いたらもう一度そこへ直に行ってみる気がないか訊ねた。意地の悪い質問だが、訊いておきたかった。

彼は首を振った。

〈元々もう一度そこを目指すのは蛮勇でしかないと思っている。そして、今住んでいる地域から距離があり、運転に不安があるから行けない〉

旅を終えた直後、彼は左手首と右膝、右足首に大怪我を負った。

実家の裏で荷物を運んでいるとき、背中側から何かに強く押されて前方へ転んだ。持っていた荷物を放り出し、受け身を取れたと思った。だが、起き上がろうとすると、身体が上手く動かない。見れば、左手首と右膝、右足首がおかしな方向へ曲がっていた。

その後遺症でバイクや車に長時間乗れなくなったのだ。

背中を押した者の姿は見ていない。未だ正体不明のままである。

〈本当に分からない出来事だった。でもこうして後遺症を抱えてみて、改めて思った。あそこへ近付くなという警告じゃないか〉

自分自身の危機回避能力からか、山村からか、どちらかからの警告ではないかと彼は言う。だから、二度と行くつもりはないと断言した。

リモート取材を終える前、彼は両手を合わせ、こんなお願いを口にした。

〈どうかそのままに。これはただの戯れ言であったとしてほしい〉


現在の彼は、本州のある地域に住んでいる。

持っていた資格を活用した職に就いたおかげで、この世界的疫病の最中もある程度安定した収入を得られていると聞いた。

二年以上前に年上の女性と籍を入れ、小さな家を借り、家庭菜園を楽しんでいる。

結婚した翌年に生まれた子は女の子だったが、死産だった。

現在、二人目の子が、奥さんの中に宿っていると彼は微かに笑顔を見せる。

一人目の悲しみは今も引き摺っているが、それでも嬉しいものです、と。

明坂さんの二人目のお子さんが生まれる予定日は、二〇二二年の、二月後半である。

二〇二二年三月。

現在の所、彼から生まれたという報告はない。

祖父と願う

山口さんの実家は所謂《いわゆる》過疎地域にあり、五キロほど離れた山の麓に畑を所有している。

その真横には小さな祠とお地蔵さんがあった。

正確な謂われは分からないが、祖父からは願い事を叶えてくれる物だと聞かされていた。

畑仕事に行く祖父に連れだって、よく手を合わせていた記憶がある。

「誠が元気で毎日が楽しく過ごせますように……」

祖父はいつもそう願っていた。


山口さんが二十四歳の夏、祖父の訃報が届いた。

既に社会人となり札幌で働いていた彼も急遽帰省することとなる。

ここ数年は田舎に帰ることもなく仕事に没頭していたので、亡き祖父の顔を見たら涙が零れた。

加齢というだけではない、何処かやつれたような顔つき。

「お爺ちゃんはね、ずーっと畑仕事を続けていてね。もう無理しないほうがいいっていつも言ってたんだけど、もう一つの大事な仕事があるからって……。冬も毎日、畑に行くって言って聞かなくてね」

きっと自分の健康と幸せを願い続けていたのだろう。

そう思うと溢れる涙は止まらなかった。


葬儀が終わり、また日常の生活に戻る。

しかし、何故か取引先とのトラブルが立て続けに起きた。

山口さんはいつも通りの仕事をしていたはずなのだが、納品数が合わない。

手配していた商品が、発注されていないことになっていた等、一気に信用を失っていた。

「お前さ、ちょっと気が抜けてるんじゃゃないの？」

上司からの叱責も連日続く。

間違いがないようにと何度も確認作業をするが、彼のミスは一向に収まらない。

「もういい。暫く頭を冷やしていろ！」

山口さんは営業職を外され、特に仕事という仕事をさせてもらえない電話番となった。

そして職場内での彼への風当たりは強くなる。

「あー、いいよな。会社に顔を出すだけで給料を貰える重役さんは」

「全く、誰かさんが抜けたせいで仕事量が増えているのに、俺らは給料そのままで残業続きだってーの」

返す言葉がなく、ストレスが溜まり続ける。

精神的に壊れてしまいそうになった山口さんは、休日にとんぼ返りで帰省することにした。

田舎の空気はやはり何処か落ち着くものがあった。

そして彼の目的は、神頼みならぬ、お地蔵様頼りである。

それまでに用意したこともない供物まであげて手を合わせる。

「どうかどうか、社内の連中を見返させてください。馬鹿にしてる連中を黙らせてください」

只管《ひたすら》熱心に祈り続ける。

『チリーン……』

突然、鈴のような澄んだ音が頭の中に響き渡る。

(これで願いが叶った)

何故かそんな気持ちになり、札幌に舞い戻った。

月曜の朝、出勤すると同期の二人が欠勤となっていた。

一人は朝から腹痛を訴え、救急搬送されたという。

もう一人は交通事故に遭い、やはり病院へと運ばれていた。

その後の詳細はまだ不明だが、職場は酷くバタついていた。

「あーもう、しょうがないから、君も仕事を片付けてくれ。ただ絶対にミスはするなよ。今度したら、会社にいられなくなるからな！」

上司の心ない言葉にイラつきはしたが、見返すチャンスである。

早速、お地蔵さんの御利益があったと思い、一心不乱に仕事に没頭した。


翌日、出勤すると、同期の状況を報された。

一人は酷い潰瘍で最短でも一、二カ月は入院生活を送るらしい。

交通事故に遭ったほうも、命は取り留めたが半年以上は復帰はできないだろうという。

「という訳で、今日もしっかり頼むぞ。お前みたいな奴でも、使わざるを得ないこっちの気持ちも考えてくれよな」

この無能な上司は嫌味しか言えないのか、と考えながらも仕事に取り組む。

すると会社の電話が鳴った。

「はい、すみません。ええ、すぐに対応をしまして。はい、今日中には何とかしますので」

電話を切った上司は、赤らめた顔で山口さんのデスクに向かう。

「山口、てめぇは何度同じことを繰り返すんだ！　死ね、クズ、馬鹿！　もう触るな！　帰れよ、無能が！」

恐らくトラブルが発生したのだろう。

ただ昨日の仕事は念には念を入れて何度も見返した。

それなのに問題が起きたことは受け入れられない。

（うるせぇ、無能はてめぇだろ。死ねよ、クソが！）

思わず、そう心で呟く。

『チリーン……』

またお地蔵さんのところで聞いた音が頭に響く。

すると上司は胸を押さえて倒れ込んだ。

「う……くぅ……」

苦しそうに悶える上司を見て、何故か笑いが零れた。

周囲の人間が駆けつけ、上司は救急搬送される。

「さてと……」

山口さんは何事もなかったかのように仕事に取り掛かる。

お昼前に一区切りが付いた頃、上司が亡くなったという連絡が入った。

周囲にバレないようにクスクスと笑ってしまう。

(え？　何で笑ってるんだ、俺)

突然、我に返ると、自分の行動が理解できない。

普通に仕事をしていたことも不可解だが、人の不幸も心から喜んでいた。

(自分は頭がおかしくなってしまったんだろうか？)

そんなことを考え続けている内に退社時間となる。


とぼとぼと家までの道のりを歩いていると、急に仕事のことが気になり始めた。

今日の仕事に間違いはなかったのか？

いや、間違いはない。じゃあ、何でトラブルが起きる？

自問自答し続けた結果、導き出した結論は、〈自分は間違ってはいない〉というものであった。

これまでの問題も、全ては取引先の勘違いや間違いをこちらに押し付けられているだけに違いない。

立場の弱い人間に圧力を掛けて、自らを正当化しようとしているクズ連中の仕業に過ぎないのだ。

（くっそう、やっぱりそういうことか……）

そんな考えに支配されていると、同期の入院も上司の死も当然の報いのように思えてきた。

（罰が当たったんだ。真っ当に生きてる人間を無下にするから、当然の報いだったんだ）

気持ちが軽くなった山口さんは、鼻歌を歌いながら家路を目指す。

後、十メートルほどでアパートに辿り着く小路に差し掛かったとき、ふと隅に置かれた祠が目に留まった。

近付き腰を下ろしてみると、田舎のお地蔵様にそっくりに思えた。

（いやいや、そもそもお地蔵様はどれも同じに見えるもんだろ）

そう自嘲しながらも、こうして出会えたのも何かの運命だと感じる。

手を合わせて、真剣に願い事をした。

「どうか俺を馬鹿にする奴には天罰を与えてください」

『……チリーン』

また、願いが受け入れられたと確信した。

それから数カ月の間は、仕事のトラブルなどもなく、穏やかな日々を過ごせた。新しく配属された上司も人格者で、山口さんとの関係も良好なものが続く。潰瘍で入院中の同期も治療経過が思わしくないらしく、まだまだ時間が掛かりそうであった。

(やっぱり、自分は悪くはなかった。お地蔵様の加護がある限り、良い方向へ進んでいるんだ)

暫くの間、問題もなく過ごせている。仮に悪意を持った者がいたとしても何らかの天罰が下っているので、こちらまで影響がないということだろう。

山口さんは本気でそう信じていた。

その日の帰宅途中、お礼を兼ねてお参りをしようと、アパート近くの小路までやってきた。ところが以前、祠があった場所には何も見当たらない。

移設されたのかと周囲を見渡しても見つからないし、元々の場所には何らかの痕跡が残されてはいそうなものだが、綺麗な壁面があるだけである。

(ここで見かけたときには、冷静とはいえない状況だった。もしかしたら、俺は田舎のお地蔵さんに救いを求めて、幻覚を見たのかもしれない)

そう自分を納得させて帰宅した。

その夜、就寝していた山口さんは夢を見た。

亡き祖父が何も言わずに悲しそうな目でこちらを見つめてくる。

幾ら呼びかけても返事をしてくれず、最終的には背を向けて去っていこうとした。

「――爺ちゃん!!」

彼は声を上げて飛び起きる。

夢だったことに気付いて徐々に頭が冷静になってくるが、意味ありげな内容に心はざわついていた。

「んっ?」

暗がりの中。部屋の隅のほうがぼんやりと青白く光っていることに気付く。

視線を配ると、祖父がそこに立っていた。

全体にぼんやりとした青白さはあるが、きちんと色が感じられる。

立体感も伴っている為、生前と遜色ない。

「爺ちゃん?」

声を掛けると、寂しげだった表情は、悲しみを交えたものに変化していく。

『チガ……う。ちがウ……んだ。ねが……イと、の……ロイは……ち……』

そこまで話すと祖父の姿は霧散した。

寝室内には濃密に祖父の匂いが充満しており、山口さんは号泣する。

漸く涙が落ち着いた頃には、カーテンの隙間から朝日が入り始めていた。

「その後、確か一週間もしないで倒れたんです。色々と検査をして心臓の病気が発覚しました」

仕事も辞め、長期間の入院生活の結果、通院と投薬でそれなりの生活ができるまでに回復した。現在は実家で生活を送っている。

「退院した後、お地蔵さんに謝りに行ったんです。そうしたら、そこには何もなくて……」

両親にも訊ねてみたが、畑の場所にはお地蔵様はなかったという。

今となっては、祖父が何を伝えたかったのは理解できる。

そもそも、お地蔵様はお願いを叶えてもらう為のものではない、ということも知った。

「でもね、じゃあ、俺は祖父と一緒に何に対して手を合わせていたんでしょう?」

その謎だけは永久に解けそうにもない。

星見の村

バブルの時代、由里子さんは実家住みの、東京・丸の内の大手商社に勤めるOLだった。すなわちそれは、当時の彼女は、非常に懐が潤っていたということを意味する。

ゴールデンウィークにお盆に年末年始、有休もしっかり消化して、長期休暇の度に彼女は海外旅行へと出かけていた。パリにミラノ、ニューヨークにソウルと、世界各地で買い物三昧。ホテルは四つ星以上がお約束。一つで出かけたスーツケースが、現地で買い込んだブランド物の洋服やバッグ、化粧品のせいで、帰国時には二つにも三つにもなるような、バブリーな旅行を繰り返していた。

しかし、さすがにそんなことを何年も続けていると物欲も冷めていき、精神的に満たされる旅をしたくなった。そこである年の夏休み、由里子さんと友人とで旅行先に選んだのは、インド洋に浮かぶ小さなリゾート島だった。

水上コテージに宿泊し、透明度抜群の海を眺めながらのエステやヨガを満喫。日がな一日、白い砂浜でデッキチェアに寝転んで、目の前の海と同じ色のカクテルで喉を潤す。BGMは波の音のみの、とにかく穏やかな安らぎの時間が、その島には流れていた。

とはいえ、長閑な日々も三日もすれば飽きてくる。同行の友人二人はライセンスを所持していたのでダイビングに興じていたけれど、由里子さんはマリンスポーツにはさほど興味が持てなかった。

そこで入り浸り始めたのは、リゾート内のバーだった。お目当ては、島を訪れたその日から目を付けていた、好みのタイプのバーテンダーだ。制服の白いシャツが映える浅黒い肌に、彫りの深い顔立ち。エキゾチックな色気の中に、クリっとした目元には少年の魅力を残している。教えてくれた名前は発音が独特過ぎて聞き取れなかったが、通り名で「アラン」と呼んでくれという。余り達者ではない英語での接客や、少し見つめただけで頬を染める女慣れしていない態度も初々しい。

丁度いい玩具が見つかったとばかりに、由里子さんはアランに殊更《ことさら》優しく接し、そうかと思えばつれなく振る舞ったりして彼の興味を引きまくった。計算通り、あっという間にアランは彼女に夢中になった様子で、気が付けばいつでも熱い視線を送ってくるようになった。

「程々にしておきなよ」

付き合っている男性が日本にいるのに、すぐに旅先で現地の男性にちょっかいを出す悪癖のある由里子さんに、友人達は呆れ顔だったが、どうせ数日間のアバンチュールなのだからと、彼女は聞く耳を持たなかった。

「星を、見に行きませんか？」

帰国を明日に控えた最後の夜、遂にアランから誘いの言葉を引き出すことができた。なかなかロマンチックなお誘いじゃないのと浮かれながら、仕事終わりの彼を待った。

コテージの目の前に広がるビーチにでも行くのかと思ったら、「特別な場所がある」と、アランは由里子さんの手を取り歩き出した。

リゾートの敷地の外れまで来ると、古びた橋を渡って木々が繁った陸地へと分け入っていく。一体何処に連れていかれるのかと、少しずつ不安が押し寄せてくる。

「あそこです」

アランが指さす先の暗闇に目を凝らすと、木材を大雑把に組んだ物見櫓《ものみやぐら》のような物が建っている。あそこから星を見ようというのだろうか。ネオンなどないこの島では、空を埋め尽くす星々が見事だった。高い場所から眺めれば、確かにより絶景が拝めるだろう。

それでも二の足を踏んだのは、外見だけが好みの、詳しい素性も知らない異国の男に、のこのこ付いてきてしまった自分の軽率さに漸く気付いたからだ。なのにアランは、こんなにも強引な男だったのかと驚かされるほど、由里子さんを急かして櫓を目指し、星の明かりだけを頼りに暗い道のりを進んでいく。

ジャングルのような茂みが開けると、今にも崩れ落ちそうな粗末な小屋が点々と並ぶ砂利道に出た。ヤシの葉で葺いた屋根は所々に穴が開き、壁の木材も腐り落ち、がらんどうの内部が見て取れる。かつては島の民で賑わっていたのだろうか。今では廃村という言葉がふさわしい、朽ちた集落の最奥に、櫓は聳《そび》えていた。

「ちょっと待って」

櫓の下まで来ると、アランがポケットから何かを取り出した。卵大ほどの白い二枚貝を開いたアランは、中に入っていた絵の具のような黒いねっとりとした何かを指で掬《すく》い取ると、由里子さんの額にいきなりぐりぐりと塗り込んできた。

薬草のようなきつい臭いが鼻を衝く。

「止めてよ！」

思わず強い口調で抵抗したが、彼は謝罪もせずに、自分の額にもその黒い軟膏のようなもので、丸い円を描き込んだ。そして何やらブツブツと、由里子さんには理解不能な現地の言葉を呟きながら、まるで時代劇に登場する悪徳商人のように、掌を擦り合わせる。ふざけている訳ではない。アランは真顔だ。魅力的だと思っていた黒真珠のような瞳が、光を失ってしまったようにどんより濁って見えるのは、果たして夜のせいだけなのか。

謎の手の動きも呟きも止めることなく、アランは顎で由里子さんに、櫓に登るようにと促してくる。目の前に掛けられている梯子には、手を触れることさえ憚《はばか》られた。足を掛けたら崩れてしまいそうな、ほぼ垂直に立つ梯子が危険に見えた。そして、どんな目的があるのか皆目不明な、櫓のあちこちにぶら下がって揺れる乾いた植物の葉やツタを併せて作られた、手足のあるテルテル坊主のような二十センチほどの手製の人形の存在が、由里子さんを殊更に不安にさせた。

星空の下、ひと夜の愛を語り合おうなどという浮かれたムードはとっくにかき消え、「これ以上は深入りしてはいけない」という危機察知レーダーが、由里子さんの脳内で警報を発していた。

業を煮やしたのか、アランが由里子さんの腕を掴み、梯子へと先導する。

「無理無理。絶対無理」

満身の力で掴まれた腕を振り払うと、由里子さんは全速力でその場から逃げ出した。アランが叫ぶ現地の言葉に対抗して、日本語でありったけの罵声を飛ばしながら。

幸い、アランは後を追ってはこなかった。だが——。

「誰も住んでいないと思っていた小屋の前に、ボーっと立つ人影があったの。何人も。暗かったからだけじゃなくて、本当に真っ黒な『影』だったの」

逃げ帰ったコテージでは、友人達は既に就寝していた。叩き起こして事の次第を訴えても、恐らく「男遊びしようとしたあんたが悪い」と怒られるのが関の山だろう。どうせ明日にはここを発つのだ。とっとと眠ってしまおうと、由里子さんは額に塗られた謎の軟膏をごしごしと洗い落としベッドに潜り込んだが、閉じた瞼の裏には無言で立ち尽くす黒い人影が、朝まで消えることはなかった。

翌朝、チェックアウトの際に、女性スタッフの一人が由里子さんに声を掛けてきた。

「これ、アランから貴女にって」

渡されたのは、茶色い細い紐で編み込まれたブレスレットだった。その色や形状は、櫓に吊り下げられていた人形に使われていた素材と酷似している。何故アランが自分で渡しに来ないのかを訊ねると、「今日彼は休みなの」と女性スタッフは答える。

「アランは、あそこの村に住んでいるの？」

ふと思い立ち、昨夜訪れた橋の向こうを指さすと、

「あの村は、随分前から誰も住んでいないわ。私達はみんな、従業員専用の施設を使っているのよ」

もちろんアランもねと、彼女は言う。

受け取ったブレスレットは、コテージのトイレに置き忘れたふりをして、由里子さんは空港のある島へと向かうボートに乗り込んだ。

「夢のような時間だったねぇ」

友人達の名残惜しげな声に、由里子さんも遠ざかるコテージを振り返る。引き寄せられるように視線を向けた、島の端に広がる砂地の光景に、思わず声を上げた。

「ねぇ見て！　あれ何？」

砂地に立っていたのは、白いシャツを着たアランだ。そして彼は自分の周囲に、朝の明るい光の下だというのに、真っ黒に塗り潰されたような人の形をした影を、何人も従えていた。

「何？　由里子、何処に何が見えているのよ」

友人達には何故か、黒い影どころかアランの姿さえも見えていなかった。


帰国直後、由里子さんは婚約間近だった交際中の男性から「好きな子ができた」と、いきなり別れを告げられた。

中学生の頃、初めて異性と付き合ってから、彼氏が途絶えたことのなかった由里子さんだったが、それ以降はどんな男性とも一月と長続きすることがなく、次第に一人の期間が長くなっていった。

ブレスレットは置いてきた。だが、一瞬でも手にしたことで、何らかの力が作用してしまったのか。それとも額に塗り込まれた、あの練り薬のような物が原因か。

全てをあの島の、あの夜のせいにするのは、単なるこじつけかもしれない。むしろ、

「そう考えたほうが、楽だからかも」

シングルのまま五十代を迎えた由里子さんは、そう語った。

現在そのリゾート島一帯は、環境保護を理由に閉鎖され、宿泊施設は全て撤廃されたという。

誰何《すいか》

「お祓いをお願いしたいのですが」

「それ、幻聴です」

待ち合わせのファミレスで、紗和は席に着くこともなく立ったまま言い放った。

「あなたの罪悪感が幻聴を聞かせてるんです。だから今やっている窃盗紛いのやり方をやめれば止まります」

素っ気なくそう言った紗和を、今回の相談者である古美術商の脇田はぽかんと見上げた。

紗和の父方の祖母は「拝み屋」と呼ばれる霊能者で、血筋なのか父も姉達もそういう体質を受け継いでいる。中でも紗和は祖母の能力を色濃く継いでいた。そのせいなのか、祖母からちゃんと教わった訳でもないのに、門前の小僧よろしくそれなりの対処の仕方が身に付いている。

所詮は素人で、できることも限られている。だからそれなりに弁えてもいるのだが、知人を通じてお祓いを頼まれることも多々あるのだ。

必ずしも助けられるとは限らないし、相手方が求める「答え」にはならないこともある。

中には頭から胡散臭いと疑って掛かるのか、インチキだと罵られることもある。

故に、紗和は相手が話し出す前に要点と解決策を伝えることにしているのだ。

「お礼もお金も結構。では」

「待て待て」

踵を返しかける紗和を、脇田と一緒に来ていた知人が引き留めた。彼は毎回、お祓いに至る経緯を聞くのを楽しみとしていて、「そういう人」をいつも探しているような少々厄介な質の人間だ。こういうのは関わらないのが一番だと、何度言っても聞かない。まあ、彼のおかげで蒐集できた話もあるので、余りうるさく言えた義理ではないが。

「話ぐらい聞いてやれよ」

そうでなければ俺が同席している意味がないだろう、と言外に知人に促され、渋々席に着いた。

「山の中に行ったんですね」

そこで盗んできたのだろう。

「そのときの罪悪感が幻聴を聞かせている。二度と関わらないことです」

「どうして――分かるんですか」

「視えるんですよ。断片的に、ですけど」

「ちょい待ち」

知人が間に割って入る。

「自分達だけで納得してないで、俺にも分かるようにちゃんと話してよ」

知人に言われて脇田は重い口を開いた。数年前から廃村を回って細工ガラスを拝借していた、と。

脇田が言うには、表面に細工や紋様のあるガラスが若い工芸作家の間で人気があるらしい。

所謂「昭和型板ガラス」と呼ばれる、ロールアウト製法でガラスの片側に型模様を付けたものだ。昭和期に盛んに作られ、窓や建具にふんだんに使われるのが流行《はや》りとなった。それも昭和四十年頃の全盛期を頂点にして、その後の住宅事情の変化により次第に需要は減っていく。現在は一部を除いて廃盤になっている。

復刻版があるにはあるが、当時の型は今は海外で使われており、そこで製造されている為、輸入品が殆どだ。気軽に使うにはコストが掛かる。

昭和風に作ることもできないではないが、あくまでそれは「昭和風」でしかない。ガラス製造業者が挙《こぞ》って多様な芸術性を競っていた当時の繊細な造型は、一様に真似できるものではない。

そのせいか、新しく作られた昭和風のものよりも希少な当時のガラスが好まれるのだという。

初めは昭和期の建物を解体する折に、そこの業者に頼んでガラスだけ貰ったりしていた。業者を通す手間もあって、そのうち廃村で放置されている建物から盗ってくることを思い付いた。

良くないことだというのは百も承知だ。だが、何十年も放置されて持ち主も手入れに来ないような家なのだからと、脇田は自分に言い訳をした。

幾つも廃村を回り、そうした行為にも慣れてきた頃。脇田は飛騨地方に足を踏み入れた。泊まりがけで廃村を探し、めぼしいガラスがないかを物色した。

何せ打ち捨てられて久しい集落ばかりだ。そこに至るまでの道が残っていれば良いほうで、道があっても林業関係者しか通れないようにゲートが設置されていたり、山の中を徒歩二時間などというのもざらだった。漸く辿り着いても建物が残っていなかっただとか、見回りが厳しくて入れない等ということも多かった。

徒労に終わることのほうが大半だったから、普通に考えれば最初のように業者に頼んだほうが掛かる労力や経費は少なくて済んだはずだ。

しかし、もうそこに思い至ることができなくなっていた時点で、既に脇田は「何か」に呼ばれていたのだろう。

その日、林業関係者用のゲートを越えて道とは言えぬ道を歩いた先、斜めに傾《かし》いだ木造の家屋を見つけた。山を背にした建物には、ガラスが綺麗に嵌《は》まった引き戸がそのまま残っていた。脇田は喜々として検分を始めた。

表のガラスは目に付きやすい。裏手はどうか。山際を家屋伝いに裏へ向かって歩く。台所へ続く勝手口と思しき出入り口に目論見通りの引き戸があった。嵌まった分厚いガラスには、見事な細工と何とも言えない味を感じさせる歪みがある。稀に見る一品だ。脇田は興奮を隠せなかった。

鍵を壊して、慎重に建具を敷居から外して下ろし、木枠を外してガラスを抜く。丁寧に梱包して、背負ってきたリュックに細心の注意を払って収納する。

「何しとんのね?」

背後から掛けられた声にギクリと肩が揺れた。訛りのある、地元の主婦だろう中年女性の声だ。しまった。手元に集中する余り気付かなかった。

「こちらの持ち主の方に頼まれて、家屋の状況を見に来た業者です」

内心冷や汗を掻きながら、用意していた言い訳を口にする。廃村とはいえ、山菜採りやキノコ採りにやってくる地元の人間が皆無という訳ではない。たまに行き会うこともあるのだ。

だが、振り返った先に人の姿はない。山のほうから、がさがさと音がするばかりだ。

「何しとんのね？」

先ほどより近い場所で声がした。声は確かに脇田のほうに近付いてきている。それなのに、声を発したはずの人間が何処にも見当たらない。ふと視線を下げる。木々の間に肌色のものが見え隠れしている、ような。

「何しとんのね？」

ひっ、と喉から引き攣《つ》ったような声が漏れた。

「何しとんのね？」

女がいた。十センチほどの大きさで、目ばかりが大きな、ずんぐりした裸の女が。

「何しとんのね？」

一人、ではない。手前に見え隠れしているだけでも四～五人。その後ろにも。

「何しとんのね？」

同じ顔で、同じ声で、同じ身体付きの女達が。

「何しとんのね？」

「何しとんのね？」

「何しとんのね？」

驚き過ぎると人は悲鳴も上げることすらできなくなるのだと知った。喉から細く漏れ出る情けない声とも音とも付かないものを垂れ流しながら、脇田は後も見ずに来た道を駆け戻った。

「何しとんのね？」

後ろからは抑揚のない声が聞こえてくる。

とにかくただ、ただ走った。山を下り切ったところで林業関係者向けのゲートが見えてきた。そこまで来て漸く声が遠のいた。ほっ、と息を吐く。ガラスを入れたリュックはあのまま置き去りにしてきたが、もう取りに戻ろうという気にはならなかった。

大きく息を整えながら振り返る。見えるのは連なる山々の稜線。その中の一つが、ぐらり、と動いた、気がした。

絵に描いたような丸く緑の濃い山と山の間、やけに黒々とした山がある。それが手前に、奥に、揺れている？　軽く目を擦って、もう一度目を凝らす。まるで人の頭のような。

林業のトラック用程度には整備された道を山裾に沿って歩く。隣の山に隠れていた部分が徐々に顕わになってきた。見えてきた白いもの。先ほど見えていたのは髪だ。

黒髪の女が、仰向けに転がっている。あれは――こめかみ辺りか。

移動するに連れて見えてくる、眉毛が、大きな目が、虹彩がキョロキョロ動いている。何かを探しているのか？

「なに——しとんの——ねえぇぇぇ」

響く奇妙に間延びした大きな声。女の頭部は更に動きが激しくなっている。

あれ、頭を動かしてこっちを見ようとしてないか。気付いて文字通り飛び上がった。

バイクを駐めた場所まで転がるように走った。バイクに跨がって後はとにかく人のいるところを目指した。来る途中にあった、小さな道の駅に着くまで、只管心の中で許しを請うた。

以来、時折山の中に混じっているのが見えるのだという。

仰向けの、山ほど大きな全裸の女。目ばかり大きな顔。やけに赤い唇。白い肌。寝転がっても潰れない締まった胸。それから——。

「あなたが盗みを働こうとしたその家の裏にね、神社があるんですよ」

紗和の声が、恍惚《こうこつ》と何処か熱に浮かされたような脇田の言葉を遮った。

「そこの神様が人恋しくて出てきただけです」

嬉しかったのだろう。久しぶりに人間が戻ってきた、そう思って。

「だからその幻聴や幻が見たくないのなら、もう山へ行かないこと。間違っても二度とその廃村へ行っては駄目です。神社を探してもいけません」

神様に気に入られて、覚えられているから。

「そうですか」

ほう、と脇田は溜め息を一つ落とした。気のせいか、一回りも二回りも縮んだように思えた。

「何でわざわざ、神社の話したの？」

毒気が抜けた様子で礼を言って立ち上がった脇田を見送って、知人が口を開いた。脇田が敢えてしなかった話を持ち出したのが気になったのだろう。

「あの人、盗《と》ってたのガラスだけじゃないのよ」

廃村の神社や寺の仏像や神具等も盗んでいたのだ。

「お参りに来てくれた、って神様が喜んだのは本当だよ」

神様に呼ばれているが、脇田は元々その地方の人間ではない為、縁はそれほど深いものではない。普通なら呼ばれても問題はないはずだ。

「何だ、呪われてたんじゃないのか」

知人は酷くつまらなそうにそう言った。

それから三カ月ほど経ったある日、知人からＳＭＳでメッセージが届いた。脇田があの後から行方不明になっているらしい。

「神社探しに行ったのかな？」

大層楽しげだ。

その文面を眺めながら、紗和は大きな舌打ちをした。

帰りたい

松井さんは去年の春、定年退職の日を迎えた。一人娘は既に嫁いでいる。これからは妻の友江さんと二人、悠々自適の生活の始まりである。

ささやかながら、纏まった金はある。老後の生活に不自由はない。

松井さんは、かねて友江さんと語り合っていた田舎暮らしを始めることに決めた。

自分で農作物を育てるつもりだから、海沿いではなく山間部。ある程度の御近所付き合いは望むところだが、村社会に飲み込まれるのは嫌だ。老後の趣味にと始めた蕎麦打ちをいつかは仕事にしてみたい。

いかにも都会の定年退職者が抱く夢ばかりだが、満たしてくれそうな物件が幾つかあった。

そのうちの一つに松井さんは強く惹かれた。リフォーム済みの為、台所は広くて使いやすく、最新式の風呂やトイレもありがたい。

縁側や土間も嬉しい。村外れに位置しているが、車があれば不自由はない。

添えられた山の画像が、ここがお前の安住の地だよと手招いている。

ああ、俺はここで死ねる。そのときの自分が思い描けたという。

善は急げとばかりに仮契約を済ませ、まずは現地に向かった。商業施設や病院が揃った町が近くにある。

思いのほか、村自体も開けている。慣れない土地での暮らしを心配していた友江さんも、これならばと安心したようだ。

家は古びたところもあったが、概ね想像通りだ。縁側からの眺めも良い。少し歩くと里山に行ける。裏庭には小さな畑だ。

玄関先の柿の木も嬉しい。辺り一面、まるで昔話のような景色が広がっている。

松井さんは到着して五分も経たぬ間に、ここ以外の場所は考えられないまでに惚れ込んでしまった。

仲介業者によると、老人の一人暮らしだったらしい。妻に先立たれた後、息子からの同居の勧めを断り、ずっと一人で住み続けていたという。

確かに、この環境に慣れてしまうと、町の暮らしは息が詰まるだろう。

見知らぬ老人の思いに同調し、松井さんの田舎暮らしは始まった。友江さんの開放的な性格のおかげで、村人も好意を持って接してくれる。

朝は自然と早く目覚める。日の出に礼拝し、畑を耕し、夕陽を見送り、夜は風呂に浸かりながら星を眺め、村での日々が過ぎていく。

それはいつも以上に星が煌《きら》めく夜のこと。余りの見事さに自然と声が漏れた。

「やっぱり俺、ここで死ねるわ」

その瞬間、窓のすぐ外で女の声がした。

「ほんと？　何処にも行かない？」

思わず黙り込む。暫くして、そっと訊いてみる。

「誰かいるのか」

返事がない。恐る恐る窓から首を覗かせて様子を探る。辺りには誰もいない。何故か金木犀《きんもくせい》の香りが漂っている。

気のせいというには、余りにも明瞭な声だった。

友江さんが怖がるかもしれないと思い、松井さんは今の出来事を胸の奥に片付けた。

翌朝、いつものように日の出を拝み、畑に向かった。ふと思い立ち、風呂場の外に向かう。念入りに調べたが、人の痕跡は残っていない。

柔らかい土なのだが、足跡の一つすら見当たらない。

そのくせ、金木犀の香りはしつこく漂っている。本来なら、ほんのりとした優しい香りのはずなのだが、鼻の奥にねじ込まれるような強い香りに濃縮されていた。

自宅の庭はもちろん、周辺でも見かけない植物である。というか、そもそも開花する時季ではない。

不思議と言えば不思議だが、昨夜の出来事と結びつけるのは少し怖い気がする。

松井さんは頭を振って気持ちを切り替え、畑に向かった。

おかげで、昼を迎える頃には、すっかり忘れていた。

思い出したのは、その夜である。風呂場に足を踏み入れた瞬間に、昨夜の声が頭に浮かんだ。

そっと窓の外を覗いてみる。誰もいない。気配もない。

何を気にしているのだ、俺は。苦笑いを浮かべ、松井さんは頭を洗い始めた。

シャワーを浴び始めた途端、金木犀の香りが襲ってきた。

湯を止めようとしたが、慌てたせいか水栓のハンドルが見つからない。

漸く湯を止め、顔を上げる。

すぐ目の前に女の顔があった。悲鳴を上げるのも忘れ、松井さんは女と見つめあった。

時間にして五秒ぐらいだろうか、女は伸び上がるように立ち、小さな笑い声を残して消えた。若くて美しい女、しかも裸だったと思うが、何故か記憶が定まらない。

金木犀の香りだけが鮮明に残っている。盛大に立った鳥肌は、風呂で温めてもなかなか治まらなかった。

さすがにここまでのことが起きると、気のせいで済ませておくのも無理がある。

翌朝。松井さんは、とりあえず自宅周辺を調べ始めた。

墓とか塚のようなもの。或いは見捨てられた家。そのようなものを期待したのだが、何一つ見つからない。

それでは——と、金木犀の木を探して回る。それほど珍しい木ではないはずだが、一本も見当たらない。

歩き回るうち、佐々木という村人から声を掛けられた。金木犀を探しているのだと答えた途端、佐々木は朗らかに笑った。

「そうかそうか、金木犀か。えらく気に入られたもんだな。なぁ松井さん、あんたこの村、好きか」

「は？　ええ、もちろんですよ。骨を埋める覚悟です」

そうかそうかと佐々木は繰り返し、里山の中腹を指さして言った。

「あの辺りに村の共同墓地がある。その近くに小屋がある。小屋の周りは金木犀で一杯だ。眺めも良いし、一本道だから迷うこともない。何なら奥さんと一緒にハイキングがてら行ってみな」

理由はないが、そこに行けば何かが分かる気がする。

松井さんは急いで帰宅し、ハイキングに行こうと友江さんを誘った。途中、誰にも出会うことなく、松井さん夫婦は目的地に到着した。

共同墓地と言っていた割に荒れている。小屋も壊れかけている。金木犀は群れて立っているが、当然ながら花は咲いていない。

肝腎の眺めも大したことはない。だが、友江さんは何故か気に入ったようだ。興味津々で、墓を一つずつ調べている。

それならばと、松井さんは小屋を担当することにした。幸い、鍵は掛かっていない。

作業小屋か何かだと予想して遠慮なく開ける。途端に松井さんは面食らった。中に人がいたのだ。こちらに背を向けて正座している。

長い髪が華奢な腰まで伸びている。白い和服を着た女だ。

「あ、すいません、誰かいらっしゃるとは思わなかったので」

うろたえる松井さんの目の前で、女は伸び上がるように立ち、振り向いた。

「あら、いいのよ。ここは貴方のものになるのだから」

その声に聞き覚えがあった。窓の下から聞こえた声だ。

口籠もる松井さんに微笑みかけ、女はふわりと消えた。消える寸前、こんなことを言い残した。

「外にいる女、邪魔だから消えてもらうね」

慌てて外に出た松井さんは、ほっと胸を撫で下ろした。友江さんは呑気そうに弁当の包みを広げようとしている。

「そんなところにいたの？　お昼にしましょ、あたしお腹空いちゃったわ」

いつもの友江さんである。松井さんは友江さんと並んで腰を下ろし、おにぎりを頬張った。

友江さんが言うには、古い墓ばかりかと思ったが、中に何基か新しいものもあったそうだ。

小屋の中は何かあったのかと問われ、ただの作業小屋だと答える。女のことを言ってしまうと、何か良くないことが起こりそうな気がした。


数日後、昼食を終え、縁側でお茶をすすっている横に妻が座った。

「ねぇ、金木犀って秋だよね？」

「……そうだけど、何で」

「最近、凄く匂うのよ」

そう言い残して、友江さんは湯呑みを持って立ち上がり、台所に向かった。

そして、そのままいなくなってしまった。探し回り、警察にも届けたが、友江さんの行方は杳《よう》として知れない。

松井さんは、ふと思い立ち、山の共同墓地に向かった。墓を一つずつ調べていく。古びた墓が立ち並ぶ中、真新しい墓があった。近付いて名前を読む。松井友江と刻まれてあった。

墓の中を調べれば良いのは分かっている。警察に介入してもらうべきだ。だが、それはできなかった。

いつの間にか、大勢の村人達が共同墓地を囲んでいる。皆、ニコニコと笑っていた。

その日をきっかけに、あの女は毎日、家へ来るようになった。何かするでもなく、松井さんの側で日がな一日を黙ったまま過ごす。

夕方、暗くなるまでに家を出て、山のほうへ歩いていく。翌朝、再び女が家へ来る。何もせずに過ごし、夕方になったら山へ。

この繰り返しが延々と続いている。

女はそれだけで満足なようだ。

友江さんがいない以上、この家に未練はない。さっさと売り払って都会に戻ろうとするのだが、その都度、金木犀の濃い香りに包まれ、全てがどうなっても構わないという気持ちになる。

結局のところ、松井さんは今でもその村で暮らしている。新参者とは思えないほど、村人達は優しく接してくれる。

友江さんの遺影は、あの女が全て破り捨てたらしく、一枚も残っていない。

今では顔すら思い出せないという。

蛍の村

津田さんが小学生の頃の話である。

同じクラスに吉川さんという親友がいた。吉川さんは小さな村の住人だ。その村から来る小学生は、吉川さんただ一人だった。

夏になり、津田さんは吉川さんと計画を立てていた。夏休みに入ったら吉川さんの家で寝泊まりし、時間を気にせずに遊ぶという計画だ。

吉川さんの村は、周辺との関わりを最小限に留めており、余所者が入ることは稀だった。村には神社があり、それを中心に開拓されたという。吉川さんが言うには、かなり小さな神社らしい。

大きな石碑が御社の代わりに据えられ、賽銭箱が置かれている。小さいが、鳥居もある。

その神社で祭りが行われる。余所者が入れない村の祭りだけに、人目に触れることは滅多にない。

しかも行われるのは五十年に一度だけである。吉川さんですら、初めて見るぐらい珍しいものだ。祭りの主役は蛍。神社の裏手に池があり、今ぐらいの時季になると蛍で溢れるらしい。

終盤近く、村人達全員で池に集まり、蛍を愛でて過ごす。必ず一匹、多ければ数匹の蛍が後を付いてくるそうだ。

それを自宅に招き入れるまでが祭りだという。

本来なら津田さんは余所者であり、近付くことすらできない。けれど、今回だけは特別に許可された。というのも、津田さんは来年この町を出ていくからだ。

それを知った吉川さんが、祖父に頼み込んだのである。親友と過ごす最後の夏休みを彩る夜になるのは間違いなかった。


最初の夜、布団を並べ、津田さんと吉川さんはクラスの男子達の話題で盛り上がっていた。

真夜中近くになり、そろそろ寝ようかと目を閉じる。吉川さんはすぐに寝息を立て始めた。なかなか眠れずにいた津田さんは、布団を抜け出して窓に近付いた。

星空を見るつもりだったが、それよりも興味を惹く光景を見つけてしまった。

神社がある辺りが、ぼんやりと薄緑色に光っているのだ。照明や篝火《かがりび》では出せない色に思える。もしかしたら大量の蛍だったりして。

突拍子もない思い付きに苦笑し、津田さんは布団に戻った。

祭りの当日、村は早朝から賑やかだった。吉川さんの祖父と両親も朝から神社に出向いている。

用意されていたおにぎりを食べながら、津田さんは吉川さんと一日の計画を練った。祭りは昼過ぎからだ。まずは、巫女さんの舞いで始まるらしい。

気もそぞろに宿題をやり終え、巫女さんの舞いで始まるらしい。

息を切らして神社に到着。丁度、巫女さんの舞いが始まったところだ。この日の為に、長期間の練習を積んできたのだろう、見事な舞いであった。次は御神輿が出るらしい。それまで少し時間があるようなので、二人は池を見に行った。

池に近付くにつれ、津田さんはあることが気になってきた。夏なのに空気が冷たいのだ。僅かな間に汗が退《ひ》いてしまったほどの寒さなのだが、それを感じているのは津田さん一人のようだ。吉川さんは普通に汗ばんでいる。準備をしている大人達も汗だくだ。

自分が病気にでもなったのかと焦ったが、体調は悪くない。ただ単に寒いだけだ。

どうしよう、帰ったほうがいいのかなと迷いながら池に近付く。

「え？　これが」

思わず声が漏れた。蛍が育つぐらいの池なら、水質が良くなければならないはずだ。

だが、目の前にあるのは悪臭を放つ泥沼だった。

こんな所で蛍が育つ訳がない。だが、周辺は整備され、あちこちに即席の観覧席が設えてある。

じっと見つめていると何かが池の底からゆらゆらと浮き上がってきた。藻のように見えるが、黒くて細い。

髪の毛ではないだろうか。尚も上がってくる。頭だ。人の頭にしか見えない。額も見えてきた。

「あ。御神輿始まるみたいよ」

駆け出していく吉川さんを追いかけ、津田さんも池から離れて境内に向かった。

今見たもののことを言い出せないまま、祭りは後半に入った。

御神輿が始まった。勇壮さとは程遠い、気の抜けた担ぎっぷりが笑みを誘う。あちこちから野次が飛んでいる。

面白いことに、御神輿は神社から出ようとしない。境内をぐるぐると回るだけだ。ぐだぐだのまま、御神輿は終わった。

いよいよ祭りの大詰めだ。再び、池に向かう。

またもや始まる寒さに耐えながら、津田さんは吉川さんの隣に座った。

夕方を過ぎ、臭いはいよいよ増してきている。

池は昨夜見たような薄緑色に光り始めていた。夜光虫が大量に発生しているのかもしれない。

きっとそうだ、そうに違いない。この臭いもそれが原因だろう。さっき見た人の頭も、何かしらの見間違いに決まっている。

ところで蛍は何処にいるのだろう。それらしき光は見当たらないのだが。

辺りを見回しているのは津田さんだけだった。

吉川さんも含め、村人達全員が熱い眼差しで池を見つめている。

それに応えるかのように、池の表面がざわつき始めた。

ぼこり。

薄緑色に輝く泡が浮かび上がり、そのまま空中を漂った。

ぼこぼこと連続して発生した泡は、次々に空中に浮かび上がる。大きさも形もシャボン玉のようだ。

薄緑に発光する泡で辺りは一杯になった。村人達が歓声を上げる中、津田さんだけが違うものを見ていた。

池の表面に生首が浮かんでいる。池を埋め尽くさんばかりの大量の生首だ。その生首がぽかりと口を開ける度、発光する泡が生まれている。泡は村人達に近付いてきた。再び歓声が上がる。中には拝む者もいる。一人に一つずつの泡が割り当てられるようだ。

当然のように、津田さんにも泡が付いてきた。最後に村長らしき老人が挨拶し、祭りは終わった。

人々は三々五々、帰路に就く。全員の背後に泡が付きまとう。まるで主人に寄り添う犬のようだ。吉川さん一家にも、津田さんにも漏れなく付いている。

津田さんは、吉川さん一家から遅れて歩き、見えない位置まで離れると泡を叩き潰した。弾けた瞬間、くえっ、と悲鳴のような音がした。腐った魚のような臭いが辺りに漂う。

その夜、吉川さん一家はとても嬉しそうに微笑んでいた。津田さんのことは眼中にないらしい。

その状態は、朝になっても変わらなかった。おかげで津田さんは、何も問題なく村を出ることができた。

その後も吉川さんとは友人のままだったが、時々あの泡の臭いが漂ってくる為、何となく疎遠になったという。

子供神輿

「子育ては、自然に囲まれた土地で」

結婚当初からそう考えていた須賀さん夫妻は、御長男が小学校へ上がるのを機に、過疎地域への移住促進の為の制度を利用し、念願の田舎暮らしを始めた。

お子さんが入学した小学校には、他にも何組か同様の移住者家族がいたが、自治体が貸し出していた住居はそれぞれ離れており、須賀さん一家が借りることになった家は、彼ら以外の全戸が古くからの住民である地区に位置していた。とはいえ地元民からは大いに歓迎され、余所者呼ばわりされたり邪険にされたりなどは全くなく、快適な新生活を送ることができていた。

祭りの季節が来るまでは――。

「子供神輿を担いでもらうよ」

秋を迎えた収穫の季節、地域の各地で様々な祭りが予定される中、須賀さん宅を訪れた地区の自治会長にそう告げられた。若い家族が相次いで地区から出ていってしまい、年々担ぎ手の子供が減っていたらしく、須賀さんの子供達の参加を心から喜んでいるようであった。そして子供二人も、「御神輿を担ぐ」という初めての体験に、祭りの日が来るのを楽しみにしていた。

当日、地区の公民館に朝早くから集合したのは、須賀さん親子を含め、お子さんがいる僅か数世帯の家族と、それより遙かに数の多い地区の長老達だった。その際に初めて気付いたのだが、公民館の建物の裏手にひっそりと、古びた鳥居と祠が存在していた。どうやら神輿は、この神社の神を祀るものらしい。

長老達の手によって既に組まれた神輿は、小ぶりではあるが施された装飾も彫刻も見事な、非常に立派な代物だった。果たして、集まった十人程度の子供達だけで担いで回れるのだろうかと、不安になるほどの。

不安はすぐに的中した。

幼稚園児から小学生までの、身長も体力もバラバラな子供達が、一つの御神輿を担ぐことにまず無理があった。数メートル進んでは休み、数歩進んでは休みと、亀の歩みほどしか進まない。

「それ、わっしょいわっしょい。しっかり揺らせ。思いっきり揺らせ」

掛け声を上げて張り切っているのは長老達だけで、必死に神輿を担ぐ子供達は、あっという間に疲れ果てて声も出ない。

聞けば神輿の順路は狭い地区を縫うように、半日以上掛けて巡るという。

須賀さんの下のお子さんはまだ幼稚園児のお嬢さんで、既に半べそ状態であったが、周囲の長老達は、

「わっしょいわっしょい。ほら頑張れ」

と、囃《はや》し立てるだけで、救いの手など出す気配はない。

「これ、ルート短縮とかしないと、キツイんじゃないんですかね？」

肩や腕の痛みを訴え出した我が子を見かねて、須賀さんは他のお父さんに同意を求めたが、

「いやいや、それはあり得ないから」

真っ向から否定された。彼の子供達も既に、泣き出しそうな顔で神輿を担いでいるというのに。

「じゃあせめて、大人が手伝ってあげることは……」

新参者故、控えめに須賀さんが提案すると、

「駄目なんですよ。これ神事だから。決まり事だから、守らないと」

若い父親は「これ以上は口を出すな」とでも言いたげな強い口調で、頑として譲らない。

彼の話によると、この地区の子供神輿は三年に一度。担ぎ手は五歳から十歳の子供限定

で、代々決まったルートを回っている。どんなに子供が音を上げても手出しは無用。最後まで子供だけで、神輿を宮入りさせるのが決まりなのだという。

「俺も親父も爺さんも担いだから。こいつらもちゃんと責務を果たさないと」

同世代ではありながら地元民の彼にそう力説されると、反論のしようがなかった。何とか子供達を励まし、おだて上げて、神輿を担がせ続けたが、

「もう無理。見ていられない」

先に我慢の限界に達したのは、須賀さんの奥さんのほうだった。腫れあがった肩の皮膚が赤く剥け、泣きじゃくる下の子を抱え、

「この子はこれで失礼します」

そう言って、周囲の制止の声を振り切り、逃げるように自宅へと戻ってしまった。

「……あーあ」

それまで陽気に「わっしょいわっしょい」と子供らを盛り上げていた長老達が、笑顔を一切消した顔で発した声の重さに、須賀さんも奥さんの後を追って帰ることができず、どうにか長男を宥《なだ》め賺《すか》して、子供神輿の全行程を終えた。しかし、

「お疲れさまでした」

解散の際、須賀さんが周囲に声を掛けても、応えてくれるどころか、視線を合わせる者

さえ誰もいなかったという。

その日をきっかけに、平穏だった須賀家の日常が一変した。下の子の激しい夜泣きが始まった。泣く、というより絶叫だった。子供神輿の疲れが起因か、肩の痛みが原因かとも考えたが、数週間経っても毎夜治まる気配がない。なのに、以前なら子供に不調が見られたらすぐに病院に連れていっていた奥さんが、何の行動も起こさない。奥さんも、子供神輿の日以来「疲れた」「だるい」を繰り返し、声を掛けても上の空のような状態が続いていた。更に夜になると奥さんは、

「……おかあちゃん、おかあちゃん」

と、寝言を繰り返して魘《うな》されるようになった。奥さんは実母のことは「ママ」、義母である須賀さんの母親のことは「お義母《かあ》さん」と普段から呼んでいるのに。

「あのねパパ、ママがおかしなことというの」

須賀さんが仕事で不在の子供と奥さんだけで過ごす日中、奥さんが何故か自分のことを、

「ユキちゃんねぇ」

などと言って話すのだという。それは奥さんの名前とは少しも似ておらず、近親者にもいない名前である。

夜泣きの続く下の子は、起きている昼間の時間はいつも何かに怯え、布団を被って引き

こもるようになってしまった。

　上の子は何とか学校に通っていたけれど、

「家の中で、変な足音が聞こえる」

　そう訴えるようになった。

　パタパタと小走りする、姿の見えない子供のような足音を須賀さんが耳にしたのは、

「暫く実家に帰らせてください」

　と、奥さんが二人の子供達を連れて出ていってしまってからだった。

　全ての発端は、あの子供神輿としか考えられなかった。近隣の人間を捕まえて問い詰めたかったが、祭りの日以来、地区の住民は誰も須賀さんと口を利こうとはせず、ほぼ村八分のような状態だった。

　一度だけ、近隣に住む老人が、一人仕事に向かおうと家を出た須賀さんに向かって、

「自業自得だわな。○○様を邪険にするなんてな」

　と吐き捨てたことがあった。はっきりと聞き取れなかった「○○様」とは何なのかは、調べてみても一切不明だった。

　実家で過ごすようになって、下の子の夜泣きも減り、奥さんも体調が落ち着いてきたとの連絡があり、須賀さんは妻子とともに実家近くの都市に移り住む決意をし、すぐに実行

に移した。

もし田舎暮らしに憧れて、計画を進めている人がいるのなら、

「その土地の風習や祭りについても、しっかり調べたほうがいいですよ」

と、須賀さんはアドバイスをくれた。ただし、

「調べても出てこないものも、沢山あるとは思いますが」

とのことである。

乳母車の女

一年を締め括る大晦日。家で楽しく過ごす人も多い。しかし由紀男さんが育った村では違った。

その年に赤ん坊が生まれた家は、どの家も息を殺し、静かに大晦日を過ごす慣わしがあった。

ある年のこと。小学生だった由紀男さんの家には生まれたばかりの弟がいた。その為、外出できず、退屈な時間を過ごしていた。両親も村の慣わしを守っていたからだ。

静かな大晦日。

例年と比べ、両親の顔が異常に緊張していた。由紀男さんにもそれが伝わった。母親は無邪気に笑う赤ん坊の弟を、何かから守るように抱きしめていた。

やがて陽は落ち、年が明けるのを待っていた。近くの寺院から除夜の鐘が鳴った。何故か両親の表情が緊張から恐怖に変わり始めたのが、由紀男さんにも伝わった。

と、庭のほうから鐘の音に混じり、「ガラガラ」と何か車輪を転がす音が聞こえてきた。

由紀男さんは窓に近付き、庭を覗き込んだ。すると暗闇の中に人がいた。

それは女だった。

古ぼけた着物を纏い、ざんばら頭で、その顔には異常なほど深い皺《しわ》が刻まれている。そのせいか笑っているのか怒っているのかも分からない。それはそれは不気味な姿だった。

女は何故か乳母車を押していた。「近所の人か?」そう思い、玄関に向かうと父親に強く手を引かれ、止められた。

父親は何故か涙を流していた。

母親はその女を見て「どうして、どうして」と言葉を放ち、泣き崩れた。

その異様な光景に動揺していると、女は背中を向け、乳母車を押し、「ガラガラ」と車輪の音を立て、暗闇に消えた。


気付けば除夜の鐘は鳴り止み、年が明けていた。

父親の笑顔は戻らず、母親は泣いてばかりだ。

そして弟は元日の朝、亡くなった。

由紀男さんには理由が分からず、両親は何も答えてくれなかった。だが弟の死を悲しみつつ、何処か納得しているようだった。

あれから随分、時が経過した。時折、村で生まれた赤ん坊が亡くなったという話が、由紀男さんの耳にも入る。それは決まって亡くなった弟と同じ、元日の朝だそうだ。

由紀男さんは家業を継ぎ、長男として今もこの村に住んでいる。同じ村の同級生と結婚し、少し前に娘が生まれた。自分や妻の両親は喜んではいるが、何処か不安げな顔をしている。理由はきっとあの乳母車を押す、女の存在だろう。もしかしたら大晦日に現れるかもしれない。その日は徐々に近付いている。

由紀男さんは娘を守るように抱きしめる妻を見ると、言い知れぬ不安が身体中に纏わりつく。

言うことなし

それは三年前の初春のこと。

智子さんは、夫の俊治さんとともに新居に向かっていた。

俊治さんの御両親が実家の敷地内に新たに建ててくれた家だ。おかげで、俊治さんは以前からの夢である両親との同居が果たせた。

智子さんは早くに両親を亡くしており、天涯孤独の身の上である。田舎は苦手だが、俊治さんに付いていくしかない。

市役所から村役場に転職し、生活の基盤も固めた。御両親は今でも毎日の畑仕事を欠かさない為、実質的に智子さんは農家の嫁になる訳だ。

義父は武骨だが穏やかで優しい。義母は賑やかで楽しい人である。二人とも口を揃えて、智子さんを実の娘として大切にすると約束してくれた。農作業なんてとんでもない、それどころか朝もゆっくりしてくれたらいい。そこまで言ってくれた。

意に添わぬ田舎暮らしだが、幸せな生活は約束されたも同然だった。

この村の異様な風習を知ったのは、暮らし始めて半年経った頃。

隣家の奥さんが亡くなられたときだ。

智子さんは俊治さんとともに通夜へ向かった。奥さんの御遺体の側に、御主人がいた。

三十年近く連れ添った仲良し夫婦だったらしい。

散々泣き明かしたのか、今はぼんやりと奥さんを見つめている。

親戚らしい男が近付いて声を掛けた。

「どっちにする」

奥さんを見つめたまま、御主人はぽつりと答えた。

「土葬」

「蓋は」

「なし」

聞いていた周りの人達が、然《さ》もあらんと頷いていた。

一体、何のことだろう。たった四言の会話に疑問が多過ぎる。

帰宅途中、智子さんの様子で察したのか、俊治さんが丁寧に教えてくれた。

この村、といっても山から西の地区だけなんだけど、死んだら火葬か土葬か選べるんだよ。

え？　いや、土葬は法律違反じゃないよ。市町村長の許可があれば土葬は許されるんだ。

もちろん、周りに迷惑が掛からないよう、きちんと埋葬しなきゃならない。

さっき、どっちにするかと訊かれて、土葬と答えたのはそういうことなんだ。

それと、蓋なしっていうのは、棺に蓋をせずに土葬するってこと。

それどころか、土も被せない。カラスとかイタチとかが入らないようにテントを張って、一昼夜はそのままで翌日にきちんと埋める。

で、ここから先は少しおかしな話になる。

そうやって、蓋なしの土葬を選ぶと、埋葬されても二十四時間は死んだ人と会えるって言われているんだよ。想いが強いほど会えるらしい。

あくまでも、そういう儀式って奴。本当に会えた人は少ない。

僕は無理だったけど、うちの祖父さんは会って話もしたらしいよ。家の中じゃなく、土葬のテントの中で待ってると会える確率が上がるんだってさ。

俊治さん曰く、この村独自の宗教観と、墓地周辺の因縁のせいだろうとのことであった。

火葬にすれば、そのような状況にはならない。土葬で、蓋なしの条件を満たした場合のみだという。

二十四時間を待たずに蓋をすれば現れなくなるとも言われている。

隣家の主人は、蓋なしの土葬を選んだ。

奥さんに会って、何を話すのだろう。死者が生き返る訳がない。絶対に戻れない者に思い出を語って、余計に寂しくならないのだろうか。

智子さんは、自分だったらどうするだろうと思いながら、俊治さんを見つめた。


その日から数えて二カ月後、どうするかの答えが出た。

俊治さんが死んでしまったのである。庭木を剪定中、俊治さんは誤って落下した。たった二メートルの高さだったが、意識を取り戻すことなく、この世を去ってしまったのだ。

冷たくなった俊治さんは、眠っているだけのように見える。二度と起きないことが不思議でならない。

ほんと、何をふざけてるんだろ。私を置き去りにしてどうするのよ。ぼんやりと見つめる智子さんの隣に、義父が座った。

「智子さん。わしら、土葬にしたいんじゃが構わんかの」

何なの、土葬って。死んだみたいじゃない。待ってて、今起こすから。

「智子さん」

強く呼びかけられ、智子さんは我に返った。

「土葬でお願いします。蓋なしで」

我が意を得たりとばかりに、義父は大きく頷いた。

実のところ、智子さんはどちらでも良かった。元々、非科学的なことを信用しない性格だった。

この土葬にまつわる話も、長い間掛けて作り上げられた都市伝説のようなものだと思っている。だが、この場では土葬以外の答えはない。

死んだらどうしようもありません、さっさと焼いてくださいなどと言おうものなら、村人全員から責め立てられるだろう。

智子さんは覚悟を決めて、葬儀を待った。

しめやかに式は進行し、いよいよ土葬である。慎重に棺が下ろされ、土の代わりに花が敷き詰められた。

墓穴の側に設置された畳には、座布団と茶器。しっかりしたテントで囲まれ、即席の部屋ができあがった。

どうぞゆっくりと夜を明かしてくださいと言わんばかりだ。

この場にいられるのは、故人と最も近しい一人だけである。当然、智子さんが選ばれた。他の皆は屋内で待機だ。

一時間経過。何も起こらない。退屈の余り、智子さんはいつの間にか眠っていたらしい。

ふと目が覚めた。顔を上げると俊治さんがいた。

ああ、自分は視えるほうの人間だったのか。まずはそのことに驚いた。

自分に、そのような資質があるとも思えない。多分、俊治さん側の強い思いが原因だろう。

とはいえ、会話はできないようだ。俊治さんは悲しげな顔つきで、こちらを見つめているだけである。

だったら別にどうでも良いわ。

智子さんは俊治さんを無視して、丁寧に棺に蓋をした。途端に、俊治さんの姿は消え失せた。

その後、智子さんは座布団を枕に夜明けまで安らかに眠り、待機所に戻った。

今現在、智子さんは都会のマンションで一人暮らしを楽しんでいる。

ベンチャー企業の社長と付き合っており、コロナ禍が収まったら長期の海外旅行を予定しているという。

カプグラ

白井さんは三十代の福岡県在住の男性で、故あって現在は無職である。最近離婚したばかりで、子供達二人の親権は妻に渡した。持ち家を処分の後、養育費分として殆どを譲渡し、自身はコンビニのアルバイト等で糊口《ここう》を凌《しの》いでいる。

「どうしてこうなったのか、なんですが」

白井さんは、灰皿の吸い殻の中からマシなシケモクを吟味すると、ライターで火を点けた。

「そもそもの、そもそもなんですが」

「ええ」

「これが、本当にそもそもなので厭にならないで聞いてくださいよ?」

「分かっています」

「実は、うちの家には代々受け継いでいる、ある仕来《しきた》りがあるんです」

「……ほう。どのような?」

「正月三が日の間、餅を食べてはいけない、というものです」

「……」

この仕来りの謂われは、白井さんが十歳のときに父親の実家の座敷で儀式張って教えられた。話をしたのは祖父と祖母で、その日本庭園付きの広い家は、今はもう売却してしまって跡形もない。

「正月三が日の間、餅を食べてはいけないというのが、うちの家系の決まりだ」

白井さんは、別段餅が好きではなかったので気にしていなかったが、そういえば正月の雑煮に餅は入っていなかったし、確かに三が日の間、鏡餅以外は家の中では餅を見かけなかった。

子供ながらに奇妙に思い、「何で？」と訊いてみた。

祖父は腕組みをして、

「儂《わし》も、お前の曽爺さんから教えられたのだが、その頃にはもうかなり伝承が曖昧になっていて、細かいことは分からんのだ。……曽爺さんは、今の小倉南区のKという集落の出身なのだが、そこでは昔、あるお坊様を崇敬していたらしい。多分、江戸時代くらいの話だと思う」

「すうけい？」

「尊敬されていたとか、慕われていたとか、そんな意味だな。で、そのお坊さんが正月に喉に餅を詰まらせて死んでしまったんだ。それ以来、そのお坊さんを偲んで集落では三が日の間は餅を食べないということになったらしい」

「へえ」

白井さんは一応納得はしたのだが、子供心に当然湧き上がる単純な疑問を押さえ込むことができなかった。

「それって、もしお餅を食べちゃったらどうなるの？」

「……それはね」

ずっと黙って傍にいた祖母がにこりともせずに、

「それはそれは恐ろしいことが起こるんだよ。絶対に、食べちゃ駄目だからね」


「恐ろしいこと？」

「これは父から聞いたんですが、禁を破った集落の人が、喉に餅を詰まらせて死んでしまったということがあったようなんですね。時期不明ですが、多分曽祖父の時代のことだと思います。純然たる事故なのかもしれないんですが、こういうことがあって更に仕来りは強化されてしまったみたいで」

白井さんの両親は、この仕来りを当然のようにずっと守っていた。毎年のことで白井さんも当たり前に感じていて、正月にわざわざ縁起の悪そうな餅を食べることもなく、負担に感じることもなくそれを守っていた。

白井さんには弟がいたが、彼も同様のようで、特に深く意識することもなく月日は過ぎていった。

ただ、一度こういう風習が本当にあるのか疑問になって、図書館などで調べたことがあった。正月に餅を食べないという風習、『餅なし正月』は意外にも各地にあった。

滋賀県の東近江市鯰江《なまずえ》町では、織田信長に攻められ、落城した鯰江城の死者を悼んで正月に餅を食べない家がある。東京都足立区の旧家では武士から帰農し新田開発した頃の苦労を忘れない為、雑煮に餅を入れない。

その他事例多数で、自分の家がそんなに特殊な訳ではないことが分かって安心した。

あと、祖父から聞いた「K」という集落だが、それはある書物の記録上に残っていた。昭和三十五年当時で戸数五、六と載っているから、本当に小さな集落である。そして、それはその後すぐに離散してしまったものらしい。

「自然公園の整備事業に引っかかった」と、祖父が何かの折に話していたのを憶えていた。

お坊さんが亡くなったのを悼んで集落の風習が始まったという話は、簡単な記載だったが他の本で発見し、事実であることを確認した。

……他の謂われと比較して、薄気味が悪いような心証が、ちらりとだが胸をよぎった。

白井さんの父親は自衛官だった為、小学生と中学生の頃に勤務地が変わり、転校することが続いた。幸い高校に上がる直前に実家のある福岡県に戻ることになり、以後は勤務地は同じだった。

白井さんは地元の高校と大学を卒業後、工作機械メーカーの地場企業に就職し、やがて二十六歳で結婚することになった。

「まあ、つまり家庭を持つことになった訳なんですけどね。でも、ここで例の仕来りが意外と問題になったんですよ」

「ああ、今時そういうのがあると困りますよね」

「しかも、よくよく考えると祖父と祖母のおかげで、かなりタブー色が強いものになっちゃってるんですよね。禁忌を破ると恐ろしいことが起こるという意味なんでしょうし。……まあ、丁度その頃に祖父と祖母は相次いで他界したんですが」

「え？　まさか……」

「いえいえ、大往生です。祖母のほうは、癌で少し入院していましたが」

「そうですか」

「祖父と祖母の遺影を見ていると、あの仕来りは受け継がない訳にはいかないなあ、と思えまして」

「どうされたんですか？」

「下手に隠し立てなんかせずに、ぶっちゃけるしかないですよね。結婚式の招待状を書きながら決心を固めて、翌日相談しました」

するると、奥さんは、

「へえ、何だか歴史のある旧家みたいで格好いいじゃない」と、思わぬ反応を見せ、すんなりと受け入れてくれた。

「『ちゃんと受け継いでいきましょう』って、言ってくれたんですよ」

「前向きというか、明るい方のようですね」

「です……。調子《のりこ》っていうんですが、取引先の受付にいて、こう、何て言うのか目立っていたんですよ。可愛らしくてね」

「へえ」

「……それがまた、何で離婚なんて。って、今思ったでしょう？」

「……ええ、まあ」

「……それがですねえ。原因というのが……餅なんですよ」

結婚後、一年目の正月。父母はこの頃はマンション住まいになっていて、暫くぶりに車で訪問すると、白井さんの弟が既に里帰りをしていた。

「久しぶり」

彼は父親の影響もあったが、元々ミリタリーな趣味があった上に国防意識も高く、希望で自衛隊に入隊していた。陸上自衛隊だが、ミサイル関係とのこと。やはり、父親もそうだったが、この筋の掟で余り詳しくは話してはくれない。

正月休みで帰省しているのだが、二週間程度は滞在できるとのこと。既に五日ほど実家にいるらしい。

「結構長く取れるんだな」

「普段、休みがないんだもん」

皆でお節を突《つつ》き、餅の入っていない鶏肉《かしわ》の雑煮を食べる。夜になり、酒も入って上機嫌になったところで、そろそろお暇しましょうと奥さんが言った。

一般的なマンションであり、部屋数が足りないので泊まる訳にはいかなかった。

「ああ、じゃあ、これお土産に持っていきなよ」

手渡されたずっしりと重い雑嚢《ざつのう》を開いてみると、自衛隊の戦闘糧食が詰まっていた。

「これ、本当にお土産用で、隊で配られる奴じゃないんだけど、中身は同じだって言うからさ」

「へえ」

小学生の頃、駐屯地の夏祭りで馬鹿でかい缶飯を試食したことが懐かしく思い出された。ハンドルキーパーの奥さんの運転で家路に就く。思いのほか酔い過ぎてしまったようで後部座席でぐったりしていると、妙に小腹が空いてきた。

隣に置いておいた雑嚢の中を弄ってみると、コンビニで売っているようなバータイプの栄養補助食品かと思える手触りがあった。

取り出してみると、やはりそのようである。小さく何か表示はあったが、暗い車内で目を凝らすのが面倒になって、包装を破ってかぶり付いてみた。

シリアルの感触はなく、柔らかい。ナッツのようないい香りもする。

……一口飲み込んだところで、ハッとした。

慌てて室内灯を点けて包装をよく見ると、とんでもなく小さな字で、

「くるみ餅」……と、あった。

「やっちまったぁ！　って思いましたけど、後の祭りです。妻は気が付いていないようだっ

たので、その後もずっと黙っていました」

「……あの、疑問なんですけど、くるみ餅ってアウトなんですか？　それならおはぎとか赤飯とか餅米を使ったものは全部駄目な気がしますが。それに弟さんは自衛隊でしょう。あそこは普段からエネルギー補給の為にかなり餅米を……」

「いや……理屈じゃないんです。そのときに、禁を破ったっていう、何というのか……腹の中で鎖の千切れるようなヤバい感覚がしたんです」

「……」


しかしながら、怪奇じみたことは特に何も起こらなかった。

翌年、白井さん夫婦には第一子の男の子が生まれ、年子で第二子の女の子ができた。

借りていたアパートが手狭になることもあり、二年くらいして分譲の住宅を購入した。

逆に順風満帆の流れであった。

「……おかしくなってきたのは、その新居に入ってからなんですよね」

新居購入時に父親が一部援助してくれたのだが、その際に、

「世の中、これから物騒になってくるかもしれないから、防犯対策はしっかりやれ」と、自衛官らしいアドバイスがあった。

話し合いの末、窓、鍵は最新の防犯型の物となり、極めつけは家の周囲に張り巡らされた「防犯砂利」だった。

「防犯砂利？」

「その上を歩くと、もちろん足音がするんですが、それが物凄く甲高い音が響くんですよ」

ガラス質の砂利らしく、平均七十デシベルもの音量があるという。

それだけあると、何か家事をしているときでも耳に付く。

ある日の夜、白井さんが居間で書類を見ていると、ジャジャジャジャッという感じで防犯砂利が鳴った。

「今、砂利が鳴ったよな？」

「……さあ？　聞こえなかったわ」

動き回る子供達にお茶を飲ませている奥さんは上の空のようだったが、不審に思った白井さんは、カーテンの隙間から覗いてみた。

何も見えない。

そして、同じようなことが四、五回続いた。

白井さんは、猫か何かが迷い込んできて砂利を踏み荒らしているんじゃないかと思い始めていたが、実際に猫が歩いているのを目撃したときには、あんなに大きな音はせず、だんだんと気分が落ち着かなくなってきた。

奥さんが子供達を連れて、実家に泊まりがけで遊びに戻っていた日の夜。

また、早足で歩く足音がした。

夜中だったが白井さんは跳ね起きて、用意しておいた金属バットを握って屋外に飛び出た。

懐中電灯で周囲を照らす。

が、それはすぐ傍にいた。

網代笠を被り、墨染直綴《すみぞめじきとつ》、脚絆《きゃはん》を着け草鞋《わらじ》で砂利を踏みしめていた。雲水《うんすい》姿のそれは充血した両眼を見開き、口からは水餅のような真っ白な何かが流れ落ちていた。

「うわっ！」

思わず振り下ろしたバットは、大きく逸れて空を切った。

いや、そんなところに振り下ろす気じゃなかった、と思わず掌を見る。

僧形のそれは、明らかに肩で笑い、ごぼごぼと口を動かし、

「ウ・シ・ナ・エ！」と一言言うと、取り落としていた懐中電灯の光の届かない場所へ移動し、防犯砂利がまだ続いているのにも拘らず、足音もなくいなくなってしまった。

「失え？」

「もう、明らかに伝承に出てきた坊主ですよね」

「……でしょうね」

「不愉快極まりなかったので、一応『K集落』の周囲に寺がなかったのか調べたんですよ」

「ありましたか？　というか、どうするつもりだったんです？」

「禁忌を破ったのを、お詫びして宥め賺すか、駄目なら墓でもあればぶっ壊して威嚇《いかく》するか。どっちにしろ何者か知りたかったんですが、そういう寺院はありませんでした。なくなってしまったのかもしれません」

「雲水姿ということなら、放浪僧かもしれませんしね」

ところが、白井さんは身構えていたのだが、その後、防犯砂利が鳴ることはピタリとなくなってしまった。

白井さんは、逆に不安になってきた。あの伝承は本当だったとしか思えない。

それならば、これからとんでもなく恐ろしいことが起きるのかもしれない。

……俺は何を失うのか？

一人で不安を抱えているのが辛抱できなくなってきたのと、自分がいないときにあの雲水が家族を襲撃してきたらという危惧から、奥さんに意を決して相談しようと思った。

「実は……」

正月に、うっかり餅を食べてしまっていたこと。家の周囲に雲水の幽霊が出たこと。それらを詳《つまび》らかに説明した。

が、奥さんは、

「……それ、そもそも一体、何の話？　餅がどうしたのよ？」

「……だから、うちの家の仕来りで」

「初耳なんだけど」

「はあっ？　結婚式の前に、ちゃんと相談しただろう？」

「してないわよ。そんな気味の悪い話、聞いたら絶対に憶えているわ。疲れてるんじゃないの？　……大丈夫？」

最後の一言がカチンと来て、その後、大喧嘩になった。

更に、パパっ子で、あれだけ懐いていた子供達が寄りつかなくなってきた。

奥さんに何か言われて傍に来ないのかと思っていたが、下の子まで、「イヤッ！」と、触られるのを激しく拒絶する。

奥さんは冷笑しながら、そんな場面を遠くで見ているのだった。

……いや、おかしいだろう、と白井さんは思った。

調子は、調子の顔をしているけれども、調子っぽいところが何処にもない。

魚料理が得意で、刺身なんかプロ裸足だったのが、包丁の扱い方が下手になっている。そもそも刺身を出さず、冷凍食品のアレンジばかり出してくるが、それでさえ味付けが前と違う。

子供の愛称の呼び方が変わった。躾を気にしていたのに一切しなくなった。

子供達も、見ているテレビ番組が全然違う。好きだった玩具に見向きもしない。……そして、俺を嫌う。

こいつらは、見かけだけで中身はあの雲水と同じような物なのじゃないのか？

遂にそこまで思い詰めた白井さんだったが、自制して一度弟さんに相談してみようと思った。

空いた時間を教えてもらい電話をすると、

「仕来り？」

「正月に餅を食べちゃいけないというあれだよ」

「何の話だそれ？　こっちは忙しいんだ！」

一方的に切られた。

呆然としたが、すぐに気を取り直して父親に掛けてみた。

「仕来りか。餅なし正月のことだな」

「そうだよ……」

ほっとしたが、

「だが、あれはお前が禁を破ったんだろう。二度と電話をしてくるな!」

と、すぐに切られてしまった。


「……訳が分からなくなって」白井さんは肩を落とした。

「その後、偽物だとしか思えない家族と暮らすのに耐えきれなくなって、離婚を決めました。弟や父母ももはや偽物だと思うのですが、誰も信じてくれません」

「会社のほうから、精神科の受診を勧められたんでしょう?」

「妻が何か連絡したようです。……嫌がらせですよね。仕方なく受診して、すぐに静養しろと上司から言われました。……妄想性障害ということになっているそうです」

「……」

「で、あなたはどう思うんですか?」

「え?」

「どうせあなたもこんな話、何にも信じていないんでしょう? 分かってますよ。顔に書いてある。お前は精神を病んだ哀れな奴だと」
「私は、そんな判断をする立場にありませんし、あなたに対して否定的な気持ちも持っていません。……あなたが真実だと仰るなら、真実だとして記録するのみです」

【カプグラ症候群】 Capgras syndrome
カプグラ症候群とは、友人、配偶者、親、又は他の近親者が瓜二つの何者かに取って代わられたという妄想を抱く精神障害である。フランスの精神科医であるジョセフ・カプグラス（Joseph Capgras　一八七三‐一九五〇）に、因んで名付けられた。
カプグラ妄想は、妄想性誤認症候群として分類される。これは、人、場所、又は物体の誤認を伴う。時間が「歪んだ」又は「置き換えられた」と患者が信じるケースも報告されている。

【追記】

「K」集落の存在については、それの載っている書籍を著者が確認した。亡くなったお坊さんを追悼する餅なし正月の記事も、別の書籍で確認している。

山神穴《やまがみあな》

古い話になる。

奈々さんの実家はとび職と左官業を営んでいた。家には中学を卒業したばかりから、まだ成人前の修業中の職人達が、住み込みで二十人ほど暮らしていた。

皆、親方を夢見て田舎から出てきた、あどけなさも残る子供達だ。

彼らの殆どが、青森や山形から上京した者達だった。その内の一人に青森から来た正夫君という子がいた。

彼はよく、夜中に魘されて起きることがあった。そんな日には仕事にも身が入らないようで、現場でもぼうっとしている。

仕事では高い場所にも登る為、一瞬の気の緩みが事故を引き起こす。そうなる前に何か心当たりはないかと、正夫君に話を聞くことになった。何か思い煩《わずら》っていることがあれば、打ち明けてほしい。解決できることなら、一緒に解決策を考えたいと、そう訊ねると、彼は訥々と打ち明けてくれた。

奈々さんの両親は、話を聞く前はホームシックか何かだろうと考えていたが、正夫君の話は、それよりもずっと深刻なものだった。彼の一言めが「実はお父さんを死なせたのは僕なんです」というものだったからだ。

彼の出身の集落には、山神様へ生贄を捧げる風習があったという。

戦前から続く儀式らしいが、いつから続いているのかは正夫君も知らないという。

山神様の祀られている山へは、女性と子供の立ち入りが禁止されており、集落の長と、生贄を捧げる家の成人した男衆だけが入ることができる。

その集落に核家族はなく、三世代四世代が一つの家に寄り添って生きるのが当然という地域だ。そして生贄を捧げるのは、集落の若い夫婦に子供が生まれたときだという。

そんなめでたいときに、山奥の大きな縦穴に、家で最年長の者を生きたまま投げ込まなければならないというのだ。所謂「姥捨《うばすて》」を想像する話だが、正夫君が言うには、家で最年長の者というのは、老人に限らないとのことだった。

年齢性別問わず、まだ元気であっても穴底に投げ込まれる。初子が生まれたら生贄になる運命なのだ。

「お前は爺さんの命を貰って生まれてきたのだぞ――」

「お前の生まれた後にすぐ亡くなった祖母が守ってくれているのだ――」

その集落の子供達はそうくり返されて育つ。決してこの掟に背いてはいけないと言われるのだ。殆ど洗脳と言っても過言ではない。

正夫君が中学生になったある日、友達とその話をしていると、誰からともなく山へ行ってみないかという話になった。〈穴〉を見に行こうというのだ。

週末に二人で集まり、大人の目を盗んで険しい山道を登っていった。

休み休み歩くこと二時間。山の頂上へ辿り着くと、そこは学校のプールが三個は入りそうな大きな穴が開いている。

「何だこれ！」

想像を遥かに超えた異様さに、二人はそれ以上言葉を発することができなかった。

穴の周りには、取り巻くようにしてひと抱えもあるもみの木が植えられている。

木の隙間をかいくぐって穴の中を覗き見ると、光も射し込まないほど深く暗い穴で、底が見えない。

じっと覗いていると、暗闇の中に何か蠢くようなモノが見えた。

背中に冷たいものが走る。

急いでもみの木の列から外へ出ると、何やら聞いたこともないうめき声のような音が響いてきた。

この穴の底に、もう数えきれないほどの人が放り込まれている。

そう思うと、水でも浴びせられたかのように震えが来た。

「逃げよう」

友達と二人で一目散に山を下った。今日のことは秘密だ。絶対に黙っていようと約束を交わした。二人はそれぞれ家に帰った。


異変はその夜から始まった。天気予報では暫く晴れ続きのはずだったが、その日の深夜を回った頃から、急に風が強く吹き始めた。

台風並みの突風と、激しい雨が重なり、一晩中眠れぬ夜を過ごした。

子供が山へ入ったから、山神様が怒っているのか。

まさか、そんなことがあり得るだろうか。

正夫君は学校も休み、恐怖に震えていたという。

嵐は数日続いた。

その間、集落の長と数名の大人達が家々を訪れていた。彼らは子供のいる家を狙い撃ちにしているようだった。

正夫君の家にも男性がやってきて、子供だけで山に入らなかったかと執拗《しつよう》に訊ねられた。彼自身は否定したものの、他の友達が二人で山へ穴を見に行くと言っていたと集落の長に伝えてしまった。

長は激怒した。

正夫君と友人は激しく詰問され、山に入ったことを認めた。

長は集落の人々を集めて声を荒らげた。

「山神様の怒りだ！　山へ入った家から生贄を捧げねば、この嵐は収まらないぞ！」

友人の家からは祖父が、正夫君の家からは父親が連れていかれた。正夫君の家では祖父母が既に他界していたからだ。

二人が連れ去られた数時間後には、あんなに荒れ狂っていた空は嘘のように晴れ渡った。

集落の人々は安堵したようだったが、二家族だけは嘆き続けていた。

その二家族を無視するようにして、長は言い渡した。

「今回は幸いなことに、山神様が不埒《ふらち》な子供のやったことをお許しくださった！　集落の女子供は決して山へ入ってはいかん！　皆肝に銘じろ！」

後になって、連れていかれた二人は、土砂災害が起きないかどうか山に様子を見に行って遭難したということになっていると聞いた。

「だから、お父さんを死なせたのは僕なんです。このときの夢をいつも見るんです」

こんな話を聞かされた奈々さんの両親は、絶句するしかなかった。

この科学万能の時代に、そんな前時代的なことが罷《まか》り通っているなんて、信じられないではないか――。

だが、目の前で告白された言葉に嘘はなさそうだった。

絶句する二人を前に正夫君は話を続けた。


彼は、山神様がいるのを疑う訳ではないが、生きている人間を生贄にしないといけないのなら、そんな酷い神様は悪魔のようだ――と考えた。

その思いはずっと心の底に蟠《わだかま》っていた。

彼は中学校を卒業するとともに、上京することに決めた。母親を一人残していくことになるが、母親自身がお前はこの集落にいてはいけないと背中を押してくれたからだ。

正夫君は、卒業式の数日後に、斧を数本手にして、山へ登った。目的地はあの大穴である。

穴は以前と変わりがなかった。

彼は自分の父親が突き落とされたであろう穴に向かって、絞り出すようにして謝罪の言葉を告げた。

「お父さん。あのときはごめんなさい。僕はお母さんを残して東京に行きます」

そして持参した斧で、穴の周りのもみの木を三日三晩切り倒し続けた。もちろん全てを切り倒すことはできなかったが、何本かは穴の底へと落ちていった。

三日経ち、精も根も尽き果てた彼は、立ち上がることもできずに、呆然と穴を眺めていた。

すると突然、地響きとともに地面が揺れ出した。

立っていられない揺れに慄《おのの》いていると、穴の周りも崩れ始めた。

巻き込まれないよう、這うようにして距離を取る。

その穴は、悲鳴のような響きとともに土砂で埋め尽くされていき、最後は何もない平坦な丘になっていた。

山を下りると、集落では大変な騒ぎになっていた。

先ほどの地震の被害もあったが、何でも集落の長が、三日三晩苦しみ続け、地震の直後に息を引き取ったとのことだった。

正夫君は、その話を聞いて、あの長が悪魔だったのではないかと直感した。

生贄は戦前からの風習だと聞かされてきたが、親に訊ねても、本当はいつから始まったのかよく分からないとのことだった。

更に、あの長がいつの頃から集落にいるのか誰も知らないらしい。

これで、生贄などという風習がなくなればと願いながら上京したのだと、正夫君は二人に説明した。

言葉を失う菜々さんの両親に対し、正夫君はもう大丈夫ですよと声を掛けた。

先日、彼の元に青森の母親から電話があったという。その中で母親が言うことには、彼が上京してから、あの風習は急速に風化して、今ではそんなことがあったことすら、集落の人々は覚えていないらしい。

そしてこの話を打ち明けて以来、正夫君は夜中に魘されることはなくなり、数年後には一人親方として立派に巣立っていったという。

生焼け

今年の初め、私が幾つか使用しているSNSアカウントの一つにメッセージが届いた。

そのSNS、今の日本ではやや廃れた感のあるもので、私自身も現在は別のペンネームで時々、宣伝や怪談ネタを募集する程度にしか使っていない。

メッセージの主は安西さん、数年前の学生時代、バイト先の上司だった男性だ。

「お久しぶり！　今も幽霊作家やってるんだって？　この前、ガールズバーの女の子から変な話を聞いたから教えてあげるよ」

安西さんの年齢は四十代前半になるはずだが、今も独身貴族を満喫しているらしい。

私のことを幽霊作家と呼ぶ彼は、気さくで親しみやすい兄貴のような存在だった。

安西さんはかなりの酒豪で、以前は一人、静かな居酒屋で黙々と呑むのが好きなタイプの男性だった。それがガールズバーとは。

「友人の誘いで行ってみたらハマってしまってね。お気に入りの娘もいるんだ（笑）」

メールの文面からも、安西さんの気恥ずかしそうな様子が伝わってくる。

その安西さんのお気に入りの女の子が、彼に奇妙な話を教えてくれたという。

女の子の源氏名はココ、店では二十一歳だが実際の年齢はもう少し上らしい。

浅黒い肌にややぽっちゃり体型、目のくりくりした可愛い女の子だという。

またココには、以前まで東京の安アパートで同居していたタクヤという兄がいた。

自称、四国地方のド田舎村出身のココは、高校を卒業した後、古臭い故郷から逃れる為、兄のタクヤと一緒に憧れていた東京に、家出同然の状態でやってきたのだ。

今回の話はそのタクヤが去年、故郷に戻ったときの体験談で現在も進行中だという。

ココはある夜、すっかり店の常連になったカウンター越しの安西さんに向かって唐突に「そうそう、前に少しだけ話したうちの兄貴なんだけどさ……」と、こんな話を始めた。


「一年くらい前まで東京で働いていた私の兄貴が、職場でバカやらかしてさ。結局、故郷のド田舎村に逃げ帰る羽目になったの。確か帰るのは五〜六年ぶりだったかな」

今から一年ほど前、都内のある高級クラブで下っ端として働いていたタクヤは、店の売り上げをチョロまかそうとしたらしい。店のバックには、怖い人達がいるのを承知で。

当然それはすぐにバレてしまい、関東付近には良い逃げ場がなく、妹にも迷惑を掛けられない為、タクヤは嫌々故郷に逃げ帰ったという訳だ。

「バカな兄貴だよね……。私だったらどんなことがあっても、故郷の村には帰りたくない。

凄い男尊女卑だし、住人達の結束が固いのかと思えばお互いのことを監視して、妬んだり足を引っ張ったり。私達の両親とかも考えがやたらと古いの。戦前か、ってくらい」

ココは故郷での過去を思い出したかのように、苦々しい表情で話の本題に戻った。

実家に突然、何の連絡もなく帰ったタクヤに対して、両親は怒りも歓迎もしなかったという。ただ父親は「この村にいるのだったら、無職は許さん。丁度いい仕事の口があるから、早速明日からそこで働け」とぶっきらぼうに言い放った。

家出同然とはいえ、せっかく数年ぶりに息子が帰ってきたというのに、という言葉を飲み込んでタクヤは素直に父親に従うことにした。

東京で怖い奴らに追い回されるよりは、遙かにマシだったからだ。

タクヤの父親はどういう訳か、昔から村議員や村役場と太い繋がりを持っていて、怒らせると怖い反面、従順な者に対しては面倒見が良かった。

翌日、昼過ぎにタクヤが父親に連れてこられたのは、村の奥にある公民館だった。

タクヤ達がいない間に建てられた施設で、どうやって予算を引っ張ってきたのか謎だが、自分達の村には似つかわしくないほど大きく立派な公民館だった。

「オヤジ、ここって以前は生焼け屋敷が建っていた場所だよな？」

タクヤがそう訊くと、父親は彼をジロリと睨みつけて「余計なことは言うな」とまるで自分の息子を脅すかのような、低くドスの利いた声で言った。

数年前に建ったその新しい公民館のすぐ近くには、広い駐車場も備わっていた。

その為、村の集会や講習会、冠婚葬祭だけでなく、様々な祭りや祝い事の準備場所、更には近隣の学校の行事やイベント会場等として重宝されていたという。

しかし、最近は例のウイルスのせいですっかり活用する機会が減ってしまったらしい。

タクヤの仕事とは、公民館の管理人だった。

「前の管理人だった下関の爺さんが、体調を崩してしまってな」

タクヤの父親は面倒くさそうに頭を掻いた。

下関の爺さん、タクヤもよく知っている人物で村一番の怠け者と大人達から言われていたが、ひょうきんな性格で子供達からは人気があった。

タクヤも子供の頃は、爺さんを交えて村の友達とよく遊んだものだった。

「あの怠け爺さんが、ここの管理人だとはね。もう、結構な歳だろ?」

少し驚いた様子のタクヤを無視して、父親は立派な公民館の中に入る。

管理人と言っても現在は、殆ど来客がないのでそれほど難しくはないらしい。

郵便物を受け取ったり、館内や駐車場を掃除したり、たまに来る業者や設備メンテナンス関係の人間達に対応するだけだ。電話は、まず掛かってこない。

夜は館内に異常がないか巡回したら、十九時には施錠、消灯して後は宿直室で自由に過ごしていい。ただし、無断で外出することは許されない。

管理人が待機する管理室は、公民館の入り口から入ってすぐ右側にあった。

管理室に入ると奥には、セキュリティ関係らしき設備機械が鎮座しており、手前には防犯カメラ用の大きめのモニターとノートパソコンが置かれた事務机と椅子がある。

比較的まだ新しい建物のせいか、それ以外の余計な物は殆ど置かれていない。

宿直室は管理室と繋がっており、四畳半ほどの寝泊まりする為の小部屋が用意されていた。小さなキッチンの他、御丁寧にシャワー室まで設置されていた。

「簡単な仕事だろう？　バカなお前でもできるはずだ。数日中に交代要員が来るはずだから、そしたら休みをやる。東京で何をしたか知らんが、ここでは真面目にやれよ」

館内を一通り見回って簡単な説明を受けた後、父親はタクヤに管理マニュアルとカップ麺や飲み物を幾つか渡し、後は親子らしい会話もなしにさっさと家に帰ってしまった。

父親が去った後、タクヤは仕方なく管理室の机に座った。

「変わってないな、オヤジは。いや、この村全体もか。こんな真新しい公民館が建っても変わってはいない。独善的というか、自分勝手というか……」

しかし、情けなく逃げ帰ってきたタクヤに選択肢はなかった。

時刻はいつの間にか、午後三時を過ぎていた。

防犯カメラのモニター中央には、公民館の正面入り口前が大きく映し出されている。その周りには、小さな分割画面ながら館内各所や裏口などが高画質で映し出されている。

モニター越しの正面入り口前には、三、四歳くらいの女の子がチョロチョロと歩き回っていた。ピンク色の薄いシャツに半ズボン、少しぽっちゃりしたやや浅黒な女の子だ。

「まだ二月なのにあんな薄着で。元気な子だな」

タクヤはそんなことを考えながらスマホを弄り、東京にいる妹や僅かな知り合いにメールで簡単な近況報告を送った。

「そういえば喫煙所は何処だ？」

タクヤがマニュアルを見ると、正面入り口前の左側に小さな喫煙所が設けられていた。

彼がそこに向かう途中、先ほどの女の子が目の前を横切った。

煙草を吸っている間、さっきのあの女の子のことを思い返していた。

それは幼い頃の妹にそっくりな気がした。少しぽっちゃりしていたところ、やや浅黒だったところ、いつも男の子みたいに半ズボンを穿いて元気に走り回っていたところなどだ。

タクヤは「ココは東京で元気でやっているかな？」と呟きながら煙草を消した。

夜の七時が過ぎ、タクヤは館内各所を施錠し、限られた場所以外を消灯した。

カップ麺を食べた後、テレビでは見たい番組がやっていなかったので、管理室のパソコンで動画を観て暇を潰した。暫くしてもう寝ようかと思ったとき、タクヤはモニター画面に映る薄暗い正面入り口前で、何かが動いているのを確認した。

夕方、うろついていた半ズボンのぽっちゃり少女だった。

「もう十時をとっくに過ぎているぞ。親は何をしているんだ!?」

スマホこそ使えるが、都会と違ってこの村はまだまだ夜間の外灯や照明が貧弱だ。

タクヤが少女の様子を見ようと正面入り口に出ると、ついさっきまで暗い中を動き回っていた少女は、かき消すようにいなくなっていた。

「一人で帰ったのか？」

公民館から村の住居地区へは少し距離があり、その間には僅かな外灯しかない。

幼い少女が、一人で歩くのはかなり危険だ。

「一応、駐在とオヤジに電話したほうがいいよな」

タクヤがそう思ったとき、急に彼の鼻に懐かしくも厭な臭いが飛び込んできた。

木材の焼けた臭い、肉の生焼けの臭い。更には公民館の周りに広がる雑木林前に、いつの間にか薄水色の浴衣姿の女が立っていた。この若い浴衣姿の女も具体的には誰だか思い出せないが、タクヤは確かに何処かで会っている記憶があった。

女の妖艶な薄ら笑い、半焼した屋敷、木材や肉の生焼けの臭い。

「生焼け屋敷⁉」

タクヤはハッとして、臭いの漂ってきた後ろへと振り向いた。

しかし、そこには限られた明かりに照らされた公民館が建っているだけだった。

そして、雑木林前に立っていた浴衣女も消えていた。

気分の悪くなったタクヤは、鼻を手で覆うと少女のことなど忘れて宿直室へ戻り、そのまま布団に潜り込んで寝てしまった。


翌朝、タクヤは父親に言われた通りに公民館を開いた。

そしてマニュアルに沿って館内の清掃などをしていたが、呼び出しや来客はなかった。

昼頃、何人もの村の男友達が公民館の管理人となったタクヤの下を訪ねてきた。

皆、親や親族から村から出ることを許されずに残った者や、一度は外に出たもののタクヤと同じく村に戻ってきた者達だった。

友人達は全員が村にタクヤが帰ってきたことを、歓迎してくれているようだった。

しかし、その様子が少しおかしい。

「お前も戻ってきたかぁ。そうだよな、みんなやっぱりこの村に戻ってくるんだよな。良い村だよ、ここは。男はこの村に留まるべきだ」

男友達は皆、ニヤニヤしながら何やらやけに含みのある言い方をしてくる。

タクヤはそんな友人達の態度に違和感を覚えたが、それを除けばかつては村中を一緒に駆け回った、懐かしいヤンチャ友達のままだった。

「近々、歓迎会を開くからな。東京での話でも聞かせてくれ」

そう言って、懐かしい悪友達はタクヤの下を去っていった。

「やっぱり、この村の男達は生焼け屋敷から逃げられないのか……」

生焼け屋敷。公民館が建つ前、ここに昔からあった、古めかしい平屋の大きな一軒家。

タクヤ達が子供だった時点で屋敷はかなり老朽化が進んでいた上、過去に起こった火災のせいで建物が半焼状態だった。その外観は正にお化け屋敷、村の子供達にとってはうってつけの探検場所だった。

しかも、屋敷の周辺や内部は絶えず生焼け肉のような異臭が漂っていたので、タクヤを含む村の人々からは生焼け屋敷と言われていた。

村の大人達は生焼け屋敷の話を極端に嫌い、その名前を出すだけで怒ったという。

「そりゃ、過去にあんなことをしていたら、後ろめたいよな……」

タクヤは掃除を終えると、暗い表情のまま公民館の中に戻った。

その夜、タクヤは深夜になっても布団に入らず、管理室の椅子に座り、呆けたようにボウっと防犯モニターを眺めていた。

深夜にも拘らず、あのぽっちゃりとした半ズボンの少女は公民館の前を駆け回り、時々ニコニコしながらモニター越しにタクヤに向かって手招きをする。

「そうだ、いつも君は生焼け屋敷にいて、俺らの後を付いて走り回っていたよな」

タクヤは少女に微笑み、軽く手を振った。

するとモニター内に、もう一人の人物が現れた。

公民館前の周りに広がる雑木林の前に立つ、薄水色の浴衣を着た若い女。

女は何処かからやってきたのではない、雑木林の前に突然現れたのだ。

そして女はゆっくりと、防犯カメラのほうに向かってきた。

モニター越しのタクヤとは、完全に目が合っていた。

「ああ、あんたもいたな、生焼け屋敷で遊ぶ俺達をいつも見ていた。子供ながらに綺麗な人だなぁと、遊びながらチラチラと見ていたよ。あの女の子の母ちゃんだろ？」

気付くと浴衣女の顔が、かなりのアップでモニターに映り、タクヤに視線を注いでいる。

公民館入り口の防犯カメラは建物の上部に設置されている為、本来なら脚立にでも乗らない限り浴衣女の顔が、こんな間近にモニター上に映るはずがない。

やや短めにカットされた美しい黒髪を持つ浴衣女は、トロンとした瞳を煌めかせ、まるでタクヤを誘惑するかのような表情で見つめていた。

薄桃色の唇と浴衣の襟元から覗く女の鎖骨が、妙に艶めかしい。

「こんな良い女じゃ村の男達は……オヤジを含めて放っておかない訳だ」

タクヤは女の容姿を見ているうちに、過去に聞いた話を完全に思い出した。

屋敷がまだ生焼け屋敷などと呼ばれておらず、人が普通に住んでいた頃の話だ。


タクヤが生まれる前、村の外れにあった屋敷には中年夫婦とその娘が住んでいた。

夫婦は高齢出産の末に漸く授かった一人娘を、過剰に甘やかして育てたらしい。

娘は容姿こそ美しかったが、頭が少々弱いところがあり、それが更に過保護に拍車を掛けた。十代半ばになっても学校にも行かず、就職はもちろん村の手伝いすらしない。

村中を自由奔放にうろつき、ただ子供達と遊んでいるだけだった。

そんな娘の行動を、もちろん村の人々は良くは思っていなかった。

また娘の両親も村人とは付き合いが悪く、小金を貯めこんでいる割には皆で出し合う村祭りの費用などを、出し渋ったりするなど評判が良くなかった。

だが娘が十代後半になった頃、彼女の両親が突然失踪した。貯めこんだ金とともに。

警察は単なる夜逃げだと決めつけ、それほど大した騒ぎにはならなかった。

残された生活能力の低い娘は、村内の遠縁に引き取られたが、何度連れ戻してもすぐに今まで住んでいた屋敷に一人で戻ってしまう。

呆れ果てた遠縁の者はやがて、この娘を見捨てた。

すると今度は村の男達が、娘を目当てにコソコソと屋敷に通うようになった。

以前から村の男、特に若い者達は娘に厭らしい視線を注いでいたのだ。

男達は屋敷に行くと娘に金や物を与え、その代わり彼女の身体を貪った。

娘も男達に身を任せていれば金や物が貰えることを覚え、必要な物を買うとき以外は外に出ず、お気に入りの薄水色の浴衣を着て屋敷で男達を待つようになった。

かつての箱入り娘は、いつの間にか私娼と化していた。

やがて隣村にまで、僅かな金で若い女が抱けるという話が広まった。

周囲の女達はそんな男達の行動に吐き気を覚えたが、今よりも更に男尊女卑の強かったこの辺りでは黙っているしかなかった。

やがて浴衣女は妊娠、元気な女児を出産した。

浴衣女が自分一人で産んだのか、それとも誰かの助力があったのかは分からない。

このとき、どういう訳か村の役場は女児について詳しく調べようともせず、保護や福祉的な援助など全くしなかった。

その後も、男達は浴衣女の所に通い続けた。

時たま、買い物の為に村の中心に現れる屋敷の女は、どんなに寒い日でも薄水色の浴衣で歩いていた。そして赤子を抱きながらも、絶えず艶やかな笑みを浮かべていた。

更に年月が過ぎ、浴衣女の幼い娘もよちよちと村中を歩くようになった。

そんな親子を村の女達は汚いものを見るような目で見下し、男達は後ろめたい気持ちで目を逸らすのだった。

そして幼い娘は、村の男達の足に、誰彼構わず「父ちゃん！」としがみつくようになった。

そうなるようになってから暫くして、親子の住む屋敷が火事になった。

屋敷の全焼は免れたが、夜間だったので逃げ遅れたのか親子は寝室で死んでいた。

これはあくまでも噂だが、親子は生焼け状態で抱き合ったまま絶命していたという。

火事の原因は浴衣女の火の不始末ということで、これまた不思議なほどに早く現場検証や捜査は終わってしまった。

タクヤが机に両肘を突いたまま昔聞いた話を思い出していると、初めて管理室の固定電話が激しく鳴った。

電話はタクヤの父親からだった。

「下関の爺さんがさっき死んだ。通夜は明日、その公民館でやる。詳しいことはまた連絡するから明日に備えて休んでおけ」

タクヤは受話器を置くと、ふうっと大きく息を吐き、再び椅子に持たれかかった。

「爺さんが死んだ……生焼け屋敷のことを教えてくれたのは爺さんだったな。浴衣女のことも、オヤジも若い頃は彼女を抱きに行ったことも。更には女の両親の失踪や火事の原因だって……」

モニター上の浴衣女はいつの間にか消え、無人の入り口前が映っているだけだった。

タクヤは煙草を吸いたかったが、喫煙所に行く気力が湧かなかった。

「爺さん、男達はみんな生焼け屋敷のせいで村から逃げられない、とも言っていたな」

その後、タクヤは東京のココに電話を掛けた。しかし、繋がらなかったので、かなり長文のメールを自分でも驚くくらい、綺麗に纏めて自分の妹に送った。

内容は主に、村に帰ってから自分が体験したおかしな出来事や現在の心情、そしてもう一つは村の汚点である生焼け屋敷についてだった。

更に最後に「必ずこの村から出て、再び東京に行く」と締め括った。

「そのときの兄貴からのメール、めちゃくちゃ長かった。で、それが今話した内容だよ」

話を終えたココは、ニコニコしながら安西さんにカクテルのお代わりを渡した。

彼女の兄の体験談や、故郷の村で過去に起きた出来事について圧倒されながらも、安西さんはココのカクテルを一口飲んだ後に訊ねた。

「で、それからお兄さんは東京に戻ってこられたの？」

すると一年中、半ズボンで過ごすココは笑い飛ばすように言い放った。

「帰ってこられる訳ないじゃん、生焼け屋敷があるんだから」


安西さんは、現在もココのいる店に通っている。

先日、安西さんがタクヤが現在どうなったか訊ねると、以前はポツリポツリ送られてきたメールも今は全く来なくなったと、ココは然も嬉しげに答えたという。

著者プロフィール

加藤 一（かとうはじめ）
『「超」怖い話』四代目編著者として冬版を担当。これまでに発掘してきた実話怪談作家を束ねる『恐怖箱』レーベルの総監修者。著、編、監修した実話怪談本は二百冊を超えた。

久田樹生（ひさだたつき）
作家。近著に『犬鳴村〈小説版〉』『樹海村〈小説版〉』『南の鬼談 九州四県怪奇巡霊』『社畜怪談（黒碕薫・佐々原史緒共著）』等がある。

神沼三平太（かみぬまさんぺいた）
神奈川県の海辺の町出身の怪談おじさん。相模原市在住。湘南の海は深夜に訪れる派。既刊に『実話怪談 凄惨蒐』など多数。世界が平和でありますように。

つくね乱蔵（つくねらんぞう）
様々な仕事で培った、豊富な人脈と経験を武器とする厭系実話怪談作家。「安全地帯にいる読者を沼に引きずり込む」がモットーである。代表作に『恐怖箱 厭福』他多数。

服部義史（はっとりよしふみ）
既刊に単著『恐怖実話 北怪道』『蝦夷忌憚 北怪導』『恐怖箱 屍役所』『(同) 怪画』『(同) 怪書』『(同) 怪玩』『(同) 心霊外科』、『実話怪奇録 北の闇から』がある。

松本エムザ（まつもとえむざ）
竹書房怪談マンスリーコンテスト特別賞受賞を機に、二〇二〇年より『恐怖箱』シリーズアンソロジーに参加。単著に『実話異聞 貰い火怪談』等。栃木県在住。

雨宮淳司（あめみやじゅんじ）
二〇〇六年に実話怪談コンテスト【超-1】に参加、以降怪談作品を発表する。著書に『恐怖箱 魔炎』『水呪』、共著に『黄泉つなぎ百物語』など多数。

内藤 駆（ないとうかける）
怪談（実話、創作共に）と夜のランニングが好きな孤独な男。近著『恐怖箱 夜泣怪談』『恐怖箱 夜行怪談』の他、恐怖箱シリーズに参加多数。

橘 百花（たちばなひゃっか）
栃木県出身。某ゆるキャラとコスメを愛でることが趣味。代表作に『恐怖箱 死縁怪談』（竹書房文庫）『怪異伝説ダレカラキイタ？』シリーズ（あかね書房）がある。

渡部正和（わたなべまさかず）
山形県出身、千葉県在住。二〇一〇年より『「超」怖い話』に参加。主な著作に『「超」怖い話 鬼市』『「超」怖い話 鬼門』『「超」怖い話 隠鬼』『「超」怖い話 鬼窟』など。

ねこや堂（ねこやどう）
実話怪談著者発掘企画【超-1】を経て恐怖箱シリーズ参戦。主な著書は『恐怖箱 百聞』を始めとする『百物語』シリーズの共著及び恐怖箱アンソロジー。御猫様の下僕。

高野 真（こうやまこと）
心スポ行かない系関西人実話怪談記録業者。仙台在住。既刊『東北巡霊 怪の細道』『青森怪談 弘前乃怪』等。あなたの体験、記録に残します。取材させてください。

三雲 央（みくもひろし）
実話怪談大会【超-1】参加をきっかけに怪談の執筆を開始。主な著作に『心霊目撃談 現』。その他『恐怖箱』シリーズなど。

ふうらい牡丹（ふうらいぼたん）
平成三年生まれ。本業は落語家。面白いことと怖いことについて考えるのが同じくらい好き。あと短歌も好き。共著に『怪談四十九夜 荼毘』など。

夕暮怪雨（ゆうぐれかいう）
怪談と猫とサウナに人生を捧げると決めた男。執筆業の父の影響を受け、怪談作家を目指す。誰でも読めて、語れるをモットーに。共著に『怪談最恐戦２０２１』。

村怪談 現代実話異録

2022年5月7日　初版第一刷発行

編著……………………………………………………………………… 加藤 一

共著…… 久田樹生／神沼三平太／つくね乱蔵／服部義史／松本エムザ／雨宮淳司／内藤 駆／橘 百花／渡部正和／ねこや堂／高野 真／三雲 央／ふうらい牡丹／夕暮怪雨

カバーデザイン………………………………………… 橋元浩明（sowhat.Inc）

発行人……………………………………………………………………後藤明信

発行所……………………………………………………………株式会社　竹書房

〒102-0075　東京都千代田区三番町8-1　三番町東急ビル6F

email: info@takeshobo.co.jp

http://www.takeshobo.co.jp

印刷・製本…………………………………………………中央精版印刷株式会社
